型破り
CEOが世界
を歩いて学んだ

リーダー5つの黄金律

The E5Movement Leadership
Through the Rule of Five

ポール・デュプイ
呉亜矢 訳

大和書房

THE E5 MOVEMENT
Leadership Through the Rule of Five
by Paul Dupuis

私と、この本の著者ポールさんとの間には、不思議な年間行事がありました。それは、クリスマスの時期に、東京麻布のアメリカンクラブで、二人きりでディナーを食べて、お互いの近況をシェアするというものです。

たいていは、彼のアイスホッケーの試合のこと、家族のことなどたわいもないことでした。仕事も国籍も全然違うのに、お互いに関西人という共通点(!?)やグローバルに仕事をしていることもあって、とても気が合うのです。あるとき、ふと「ポールが本を書いて、自分の人生の旅の物語を世界と共有できたら、素晴らしいよね?」と、彼に言いました。それを聞いたポールは、少し驚いた様子でしたが、その言葉をしっかりと、受け止めてくれた様子でした。

私は、時々、「本を書いたらいいよ」と言うことがあります。でも、実際にペンを手に取る人はあまりいませんが、ポールは違いました。その証拠がこの本です。

彼の人生の旅とは何でしょうか?

それは、カナダ、大阪の西成、シンガポール、インドの、世界を股にかけたリーダーシップの経験のことです。彼のとっても珍しい体験が綴られた本書は、西洋と東洋の文化が特別に融合したユニークなものと言えるでしょう。

ポールとは、人生と幸福について、同じような考え方をしています。それはいつも、「もっとよくしたい!!」という気持ちを持つ人々をサポートすることです。彼らが、多くのポジティブな結果をもたらし、新しいアイデアを生み出します。ひいては、世界に良い影響を与えることになります。

本書は、リーダーだけでなく、夢を実現したいと考えるすべての人にとって、素晴らしいガイドになると思います。

さあ、私と一緒に、ポールワールドに旅しましょう!!

本田健

はじめに

日本でリーダーシップについて語ろうとすると、この国のある街で見た、衝撃的な光景を思い出すことがあります。その街の名を、西成といいます。

一九九〇年九月五日、その日、二二歳のわたしは、大きなバックパックを抱え、新大阪駅に立ち尽くしていました。全財産はおよそ二万五〇〇〇円。言葉もわからないし、どこに行けばいいのかもわかりません。何もかもが〝初めて〟の連続で、子どものようにワクワクしていたことを覚えています。それもそのはず、初めて家を離れ、初めて飛行機に乗って、未知の世界にやってきたのですから。

一九七〇～八〇年代に多感な時期を過ごした世代にとって、好奇心を満たす情報や知識を得る手段は限られていました。ベッドルームの本棚にある家庭用のブリタニカ百科事典をめくるか、地元のウィンザー市立図書館に行くしかないのです。家の百科事典に書いてあることはだいたい覚えてしまっていたので、いつも図書館に行き、四階のアジアコーナーで『ロンリー・プラネット』を読んでいたものでした。

日本のことが書いてある本を手に取り、椅子に腰掛け、本を開く。そうやって未知の世界を空想するうちに、いつしか完全にその魅力の虜になっていました。そのようにして、自分探しの旅の行先が日本の大阪に決まり、ワーキングホリデービザを取得したのです。なぜ大阪だったのか。それは、大阪の人々が、よく笑い、食べることが大好きで、言いたいことをハッキリ口にすると知り、親しみを覚えたからです。また、日本を舞台にした映画『ブラック・レイン』を観たことも、大きかったといえます。もちろんこの映画は完全な日本の再現ではありませんが、阪急梅田や道頓堀といった大阪の代表的なスポットが、実に魅力的に表現されていました。

そんな思いもあって、故郷を発《た》ってから四〇時間近くが経過していたにもかかわらず、わたしは興奮で目が覚めっぱなしでした。ここがあの日本か、と。これほどたくさんの人々が歩いているのを見るのも初めてでしたし、そもそも日本人を見るのも初めてでした。しかし、そろそろ寝泊まりする場所を見つけなければならないことも、また事実でした。幸い、雑踏の中から英語話者らしき外国人を見つけることができ、わたしは彼のもとに駆け寄って、勢いよく話しかけました。カナダから身ひとつで来日したこと、言葉も文化もわからないこと、どこに行けば寝泊まりできるのか見当もつかないこと、お金もほとんど残っていないこと……。

相手はわたしを落ち着かせてから、ミドウスジセン（御堂筋線）に乗って九番目の

「ドウブツエンマエ（動物園前）」駅で降りれば、比較的安く寝泊まりできることを教えてくれたのです。わたしは礼を言い、その助言に従いました。御堂筋線では人生初の満員電車にまた驚かされましたが、とにかく言われたとおりに九番目の駅で降りると、そこにあったのが、西成の街並みでした。もちろん当時のわたしに、西成がどんな街か知るよしなどありません。宿を求めてひたすら歩きましたが、視界に入ってくるのは日本語の看板ばかり。途方に暮れたわたしは、とりあえず目についた公園のベンチで夜を明かすことにしたのでした。

　翌日、やっと英語で書かれた看板を見つけたわたしは、やっとホテルを見つけることができたと思いました。もっとも、その認識は少し誤っていたようです。というのもその場所は、西成のいわゆる「日雇い」労働者が寝泊まりする簡易施設のような場所だったからです。たしか、一泊五〇〇円だったと記憶しています。いずれにせよ公園のベンチよりはるかに快適と思われたので、わたしは身振り手振りで「ここに泊まりたい」と伝え、やっとカギを受け取ることができました。部屋のドアを開けるとそこは三畳ほどの広さで、小さな白黒テレビだけがぽつんと置かれていました。トイレとシャワーはすべて共同。まるで寮暮らしのようだと思いましたが、ほかに行く場所はありませんでした。

そして翌日から、西成での簡易施設での日々が始まりました。などと言うと、（日本の読者であればこそ）いかにもきつい日々を送ったかのように思われるかもしれませんが、決してそうではありません。西成の人々は、個人として接すると本当に温かく、親切だったからです。屋台やラーメン屋に行くたび、彼らの優しさに感謝したことを、いまでもよく覚えています。

しかし、このように心優しい人々でも、ひとたび不満が高まり、かつ中心を欠いたまま放置され続けると、恐ろしい事態を引き起こすことを、わたしは知ることになるのでした。それが、あの西成暴動です。

今でこそ、わたしたちは西成暴動がなぜ起こったのかすぐに調べることができます。国家権力によって、間接的に労働者からの搾取がなされていることが判明し、強い怒りを買ったためです。しかし一九九〇年一〇月二日の当時、そんな事情が二二歳のカナダ人青年に理解できるはずもありませんでした。そのときわたしがどうしていたかというと、いつものように定宿にいました。すると外で突然、聞いたことのないような大きな物音が聞こえてきたのです。慌てて靴を履き、階段を下りて外に出ました。すると、中年の男性がパニックに陥りながらも「すぐにここから逃げろ！」というジェスチャーを示します。歩道に走り出たわたしは、言葉を失いました。右手にはヘルメットをかぶり、警棒を手にした数え切れないほどの警官が、左手には暴徒と化したやはり大勢の労働者たちがおり、いままさに衝突しようとしていたためです。暴徒の中には火炎瓶を手にしている人までいました。どこかで爆発音も聞こえてきます。身の危険を感じたわたしは必死でその場から走り出し、定宿の部屋に駆け込んで、おののきながら自分の荷物を回収したのでした……。

その後、西成を離れたわたしは、新しい仕事を見つけて空手道場に通うことになり、のちに紹介していくように、さまざまな体験を重ねていきます。しかし、いまでも西成でのあの出来事を忘れることができないままです。

さて、当時はまったくそのように思いませんでしたが、ことリーダーシップという観点から考えると、西成暴動には学ぶべきことがあるように思えます。（個としては尊ぶべき素質を備えた）人々が方向性を見失ったとき、彼らをまとめ上げ、より建設的な方向を示す人物がいたら。あるいは、暴動ではなくテーブルをはさんでの交渉もあり得たのではないか、ということです。くり返しますが、当時からそう考えていたわけではありません。ただ、西成の優しい人々と暴動の激しさとのギャップを思うとき、リーダーシップという観点から、そのような想像も可能だということです。

そう、本書は、リーダーシップの本です。

「優秀な管理職」を目指して欲しくない

読者の皆さんに目指して欲しいのは、場面を問わず、どんなときでも通用する、強く普遍的なリーダーシップを備えることです。たしかに、優秀な管理職はたくさんいるでしょう。彼らは手順に従って仕事を進め、期限を守り、部下をしっかり管理し、期待に応え、仕事を滞りなく進めることに力を注ぎます。ですが、そのように優秀な管理職は**世の中を変える強いリーダーでは、残念ながらありません**。

傑出したリーダーは、まったく違う次元で仕事をするのです。彼らは〝優秀〟であるだけでは満足しません。誰も開拓していない市場や先駆者になれる機会をつねに探し求め、大胆で野心的なアイデアを実現し、新しい時代を切り拓くのです。

本書は、わたしの体験はもちろんのこと、ビジネス、スポーツ、政治、宗教の世界で革新的な仕事をしてきたリーダーたちに着目していきます。そして彼らがどのようにして大胆なビジョンを描き、実現し、どのように独自のやり方で世界を変えたのかを明らかにしていきます。

わたしは長年世界中を旅し、リーダーとして研鑽を積みながら、周囲のリーダーたちをよく観察してきました。その結果、偉大なリーダーにはある種の共通パターンがあることに気がついたのです。それを参考に、わたしは独自のリーダーシップのスタイルを作り上げました。いわば公式のようなものですが、決してワンパターンな小手先のテクニックではありません。これこそが、リーダーの黄金律たる〝Ｅ５〟です。

Ｅ５は、

ビジョンを描く（Envision）
表現する（Express）
鼓舞する（Excite）
可能にする（Enable）
実行する（Execute）

という、Ｅから始まる五つの構成要素からなります。これらは一種の枠組みであり、カスタマイズ可能なレシピでもあります。本書のメソッドを活用すれば、誰にもまねできない自分流のリーダーシップスタイルを作り上げることができるはずです。

ただし、**本書は理論研究ではなく実践を目的としています**。また、Ｅ５は確かに公式ではありますが、確固たる唯一の方法論ではありません。古今東西の優れたリーダーたちからの学びを、本書が提供できれば幸いです。

さて、本題に入る前に、リーダーとしてのわたしの歩みも少しだけ紹介したいと思います。

わたしの歩みと、日本独自の強み

当初の予定では、半年間日本に滞在して空手を習い、その後は帰国するつもりでした。カナダの故郷に戻り、ロースクールに行って弁護士になるつもりだったのです。ところが実際にはこの三〇余年の間、何度か日本を離れても、しばらくすると戻ってきてしまうのでした。一九九八年から約七年間、私立の女子高の教壇に立ち、その後は次第にビジネスや起業に興味を持つようになりました。そんな中で、人材ビジネスに参入するのが二〇〇五年。二〇一一年まで大阪に拠点を置いた後でシンガポールに移り、東南アジア担当のリーダーになりました。ここでの体験は、グローバルレベルのリーダーとしての一歩を踏み出すうえで重要でした。というのも、シンガポール行きは、アジアのさまざまな国の人と大きな市場で仕事をする機会だったからです。また、外側から日本を見ることができた貴重な体験でもありました。日本文化、日本式経営、日本流のリーダーシップなど、日本には独特の良さがあると次第に思い始めたのも、このころのことです。

二〇一三年にシンガポールから日本に戻り、巨大グローバル企業に入って、日本支社の取締役に就任しました。わたしの任務は組織改革と国内事業の立て直しであり、会社の人員、文化、業務慣行を最適化して、よりグローバルな組織にすることでした。四年間取り組み、新たな節目となる成果を挙げました。また、未来の成長のための土台を作り、任務を果たすことに成功しました。そして二〇一七年、驚いたことに、インドでの新しい仕事のオファーを受けたのです。まさに青天の霹靂でした――まさかインドとは。

そんなインド行きはそれまでの人生において、わたしのリーダーシップを試される最大の試練でした。それでも四年間、巨大で複雑な組織のＣＥＯとして、新型コロナウィルスの流行で最も経営が厳しかった時期に会社を導きました。後の章で、インドでの経験から得た洞察やエピソードを紹介します。欧米とも日本とも違うそれは、読者の皆さんにとっても大きな学びになるでしょう。ともあれ、日本で長年働いて得た教訓は、インドの会社を立て直す仕事に大いに役立ち、驚異的な変革を成功させる鍵になりました。事実、社内で最低業績に甘んじていたインド支社は、四年後、業績ナンバーワンにまで成長したのです。

このような経緯のあと、二〇二一年、インドでの使命を果たしたわたしに提示されたのは、二つのオファーでした。ヨーロッパかアメリカのグローバルレベルの重役ポジションか、日本に戻るか。答えはもちろん決まっていました。わたしは二〇二一年に日本に戻り、世界最大の人材サービス企業の日本法人ＣＥＯに就任しました。どの道を選んでも、どういうわけかいつも日本に惹かれ、戻ってくるのです。

なぜわたしはこれほどまで日本に惹かれるのでしょう。

日本には非常にユニークな特質があります。日本式のリーダーシップもその一つです。しかし、肝心の日本のリーダーたちやそのフォロワーが、その良さに気づいていないように思います。世界のいろいろな所で暮らし、仕事をするなかで、日本についてさまざまな評判を見聞きしてきました。世界共通の認識は、「正確できっちりしている」ということ。たとえば、日本人は品質に徹底的にこだわり、品質が「良い」だけでは決して満足せず、つねに「最高の」品質を目指す、というようなイメージです。その最たるものがカイゼン（改善）の精神でしょう。この言葉は、毎日わずか一歩ずつでも前に進み続けるという日本特有の考え方です。実際、新商品発売など節目となる出来事のあとに行われるハンセイカイ（反省会）などは、日本固有の習慣といえるでしょう。もちろん効果はあります。ビジネスコンサルタントのジム・コリンズが著書『ビジョナリー・カンパニー２　飛躍の法則』（日経ＢＰ社）で述べているように、良好は偉大の敵（good is the enemy of great）です。つまり反省会を通して、満足のいかない部分を把握し、カイゼンにつなげていくということです。ただしこうしたコツコツ型のアプローチは、スピードが遅いという欠点にもなりえます。事実、日本の組織の意思決定のスピードは世界のライバルたちと比べるとかなり遅いように思います。これは日本の成長を阻む弱点となっているのではないでしょうか。

だからこそ大切なのは、長所を組み合わせることです。わたし自身、日本式の良い所と、インドやベトナムやカンボジアのような、テンポが速く野心的に急成長している経済の良い所をうまくミックスすることに取り組んできました。後の章で品質（日本のカイゼン）とスピードを兼ね備えることの重要性を説明し、それに加えてインドの〝ジュガール〟と呼ばれる精神を紹介したいと思います。

日本の「グリット」を実感した出来事

世界で一〇〇年以上続く企業に限ってみると、日本企業が最大の割合を占めることはご存じでしょうか。何世紀にもわたって、日本の組織（さらに言えば日本の人々）の優れたレジリエンスは証明されているのです。心理学者のアンジェラ・ダックワースは、人生における成功を決定づける最も重要な性質を「グリット」と名付けました。日本の組織が長く続くのは、この「グリット」が大きく寄与しているのではないかと思います。

そんな日本人の「グリット」を印象付けられたのは、一九九五年一月でした。あの阪神大震災が起きた日です。運命の日の朝、わたしは大阪にいて、大きな地震を体験しました。その翌朝、空手道場の友人たちとともに行動を起こしました。必要な医薬品、食料、水を運び、神戸で最も被害の大きかった地域に入ったのです。三宮までの長い道中、近隣住民同士が心を一つにして協力し合う姿を目にしたことを覚えています。家も街も破壊された人々は、その状況に対処しようとすばやく効率的に動き、公園や駐車場に仮設キャンプをつくっていました。略奪も暴動も起こりませんでした。人々は生きのび、そして復興するために互いを思いやり、ひたすら一丸となって前に進んでいたのです。神戸では、このように他人同士がすみやかに強く団結したことで、生涯続く友情が生まれたことすらあります。

二〇一一年三月、日本が東日本大震災とそれに続く津波に襲われたときも、同じ光景が見られました。心を一つにして迅速に事態に対処する能力は、日本特有の本当に素晴らしい資質です。後の章でも述べるように、人の本質はうまくいっているときや、恵まれた環境のなかでは見えてきません。それが表れるのは、危機的状況や困難に直面したときです。

その意味で、二つの災害においてわたしは、独特の美学にもとづく日本の底力を目の当たりにしました。生きがい、志、助け合いと呼ばれるものです。これらはどれも目的に深く根差し、日本特有の精神から生まれた概念です。そしてもちろん、リーダーシップを考えるうえでも重要な示唆を与えてくれます。組織を長らえさせてきた「グリット」の秘密がそこにあるであろうことも、理解しているつもりです。

E5の夜明け

さかのぼって二〇〇六年、リーダーとしての私に、またとない機会がありました。神戸のＰ＆Ｇ北東アジア本社で、幹部リーダーのための二日間のトレーニングセッションに参加したのです。参加者はアジア太平洋地域から集まったＰ＆Ｇの幹部リーダーたち。わたしはゲストスピーカーとして呼ばれました。もっともそのころはまだ、わたしのリーダーシップ哲学は完成していませんでした。（ライフワークである）アイスホッケーでの経験や管理職としての経験、非営利組織のリーダーとしての経験から得たアイデアをまとめている最中だったからです。それでもＰ＆Ｇのリーダーシップモデルに共感できたのは、後に同社のＣＥＯとなるＡ・Ｇ・ラフリーのリーダーシップモデルに理由があります。

そのモデルもまた、Ｅ５と呼ばれるものでした。ラフリーは、ＧＥのＣＥＯであるジャック・ウェルチからリーダーシップモデルを受け継ぎましたが、ただコピーするだけではありませんでした。ジャック・ウェルチが創り上げたのは、３Ｅ（Energy, Edge & Execution）というモデルにＰ（Passion）を加えたものです。彼はそこに、独自要素である「実行＝Execute」を加え、それらをまとめてＥ５としたのです。同様に、ウェルチから影響を受けたボブ・マクドナルドは、ウェルチのモデルを基に独自のリーダーシップを築きましたが、これもＥから始まるものです。そう、よく知られているリーダーシップモデルには、Ｅから始まるものが実に多いのです（ジム・コリンズの「Good to Great」における「レベル5リーダーシップ」、ポール・ハーシーとケン・ブランチャードによる「状況適応型リーダーシップ」など）。

ともあれ、後に紹介していくわたしのE5は、ラフリーのモデルをはじめとして、さまざまな多くの理論をベースに練り上げられています。

しかし、根幹は同じです。

それは、「なぜ?」という疑問からスタートし、すべての行動に目的を持たせる、ということ。この根幹は、わたし自身のE5を練り上げる以前から意識していました。それだけに、P&Gの理念には共感しつつ、何かが足りないとも感じたのでした。

というのも、P&Gのモデルは戦略をかなり重視しており、〝なぜ〟よりも〝何を〟〝どのように〟取り組むのかを大事に考えていたのです。セッションにおいて、組織のビジョンを作るトレーニングの際、ある質問が繰り返されました。

「**未来に向かって進むために、今わたしたちは何をするべきなのか?**」。

この経験がわたしのリーダーシップに対する探求心に火をつけたのです。そのときわたしは**「何を」ではなく「なぜ」を中心として、優れたリーダーシップを定義するという自分流の見方を作り上げようと決めました。それがほかでもない、本書の〝E5〟です**。

〝nanos gigantum humeris insidentes（巨人の肩に腰掛ける小人）〟という格言をご存じで

しょうか。これは、十二世紀にシャルトルのベルナールが最初に使ったラテン語の格言です。後にアイザック・ニュートンが用いたことで有名になりました。ニュートンは、科学者そして哲学者としてさまざまな発見をしてきた人生において、先人たちから受け継いだ知恵を学び利用してきたことを振り返り、その鋭い観察力で次のように表現したのです。

「わたしが遠くを見ることができたのは、巨人たちの肩に乗っていたからだ」。

本書のＥ５も、同様です。これまでわたしが出会い、観察し、研究してきた優秀なリーダーたちの素晴らしいところは、誰に対しても惜しみなくリーダーシップに関するアイデアを熱心に伝えようとする姿勢でした。互いに耳を傾けて相手から学べば、どちらも今よりもっと成長できるものです。そのエッセンスを本書では、惜しみなく書き尽くしていくつもりです。

わたしの師匠でありメンターでもあるマーシャル・ゴールドスミスは、世界中で尊敬されているリーダーシップの思想家です。伝説の思想家ピーター・ドラッカーの弟子でもあります。あるときわたしとの対話で、ゴールドスミスは師であるドラッカーから学んだことを教えてくれました。ドラッカーはこう言ったといいます。「**われわれの人生における使命は、前向きな変化を作り出すことだ。自分がどれだけ賢く、正**

しいかを証明することではない」。

リーダーとは生き方である

リーダーシップは、人を率いることだけを意味するのではありません。言うなれば、リーダーシップは人生をどのように生きるかに関わっています。リーダーシップは知識やスキルではなく、名刺の肩書から自動的に生じるものでもありません。大きな目標を掲げましょう。「世界に良い影響を与える」という共通の使命のもとに団結すれば、わたしたちはもっと強く成長できます。アフリカにこんなことわざがあります。「早く行きたければ一人で行け。遠くへ行きたければみんなで行け」。

皆で遠くまで進みましょう……ようこそ、Ｅ５の世界へ！

リーダーの黄金律「E5」とは何か

ビジョンを描く（Envision）

「なぜ、そのビジョンを描くのか？」に焦点を当てよう。歴史に残る素晴らしい例も参照しながら、理想的なビジョンの描き方を示していく。

表現する（Express）

ビジョンが描けたら、リーダーはそれを伝えなければならない。しかし、ただ周知するだけでは不十分。「ワクワクさせる」ように表現するには、どうしたらいいのか。

鼓舞する（Excite）

ワクワクしてやる気に満ちたチームをさらに鼓舞するのも、リーダーの重要な役目だ。チームを鼓舞した名スピーチを取り上げ、それがなぜ効果を上げたのかを見ていこう。

可能にする（Enable）

どんなに鼓舞しても、適切な道具がなければ実行は不可能。この段階では、組織やテクノロジーの多様性を維持しつつ、適切な役割をどう用意するかについて解説する。

実行する（Execute）

いよいよクライマックス。ビジョン実行のあとは、どうしたらいいのか。そして、もしうまくいかなかったら？　リーダーにとって最後の試練をどう乗り越えるかをまとめた。

第4章

Express
表現する

第5章 Excite 鼓舞する

第6章 Enable 可能にする

第7章

Execute 実行する

第8章 未来の仕事におけるリーダーシップ

第9章 次はあなたの番だ

第1章

リーダーシップとは何か

優秀な管理職＝素晴らしいリーダーではない

リーダーという役割はいつも、思いがけないタイミングでやってきたものです。一九九〇年、西成での日々のあと、小さな英会話スクールでの仕事が決まりました。ところがその二週間後、十二名の講師らが経営者と揉めて、全員が一斉に辞めてしまったのです。それで取り残された新人講師、つまりカナダから来日したばかりのわたしに白羽の矢が立ち、責任者を引き受けることになったのでした。同じようなことは一九九五年にもありました。その頃わたしはカナダのバンクーバーで新生活を始めていました。五ツ星ホテルのポーター兼コンシェルジュとして働きだしたばかりだったにもかかわらず、管理職のオファーを受けたのです。このような体験は枚挙にいとまがありません。二〇一一年には、新規開業先のシンガポールに赴任し、アジア太平洋地域の責任者になりました。二〇一三年には、人材派遣業界のグローバル大企業の最高経営責任者として、東京に赴任することになりました。一〇〇カ所近くある支店、全国に散らばった従業員、ディープな地方文化などに阻まれ、経営は困難を極めました。さらには二〇一七年、今度はインド行きの飛行機に乗り、未知の世界へ……。

面白いのは、リーダーになる機会は、ほとんどが〝偶然〟によってめぐってきたということです。多くのリーダーたちも似たようなことを言います。たまたま人を率いるポジションが回ってきただけで、意図してそうなったわけではない、と。

重要なことは、その後です。単に優秀な管理職になるか、革新的な仕事をやり通すリーダーになるか。すでに述べたように本書が目指すのは後者です。あらためて両者の違いを見てみましょう。

単に優秀な管理職は〝現状維持〟に長け、防御と予防に余念がありません。それに対し、大仕事を成し遂げるリーダーは、次のような特徴を持ちます。**安全地帯のボーダーライン上で新たな機会を探し求めること。また、安全地帯の外側で成功を勝ち取ろうと努めること。**

ロンドン・ビジネススクール教授のダン・ケイブルは、著書『脳科学に基づく働き方革命』（日経BP社）で、このような新しい知識・経験を求める好奇心を〝探求脳〟と呼びました。好奇心があり、興味を持ったことに自らの意志でのめりこむのは人間だけです。つまるところ、そんな人間の特性をよく理解し、**チームメンバーの好奇心を刺激することに力を注ぐこと**。これが人や組織を動かすリーダーの第一条件といえるでしょう。

しかし、ずば抜けて優秀なリーダーの特徴は行動だけではありません。態度にも共通点が見られます。**彼らは一様に謙虚なのです**。自分一人の力でここまでやってこられたわけではない、とあっさり認めます。彼らは他人を見て学び、それを応用して自分流のリーダーシップスタイルを作ってきたからです。いまここで、リーダーシップを学ぼうとしている皆さんと同じように。その意味でリーダーシップのモデルは、オープンソースコードのようなものです。コードを組み合わせ、共有し、積み上げていきましょう。わたしたちはさらに成長できます。

普遍的なリーダーシップは〝E〟で始まる

本書が提唱するＥ５は、これまで影響を受けたリーダーたちや既存のリーダーシップモデルからの学びによって生まれました。すでに述べたように、これらのモデルにまつわる言葉はＥで始まるものが多いのです。たとえば一九〇〇年代初頭、リーダーシップモデルが世に出るずっと前、日本ではパナソニック創業者の松下幸之助が時代を一〇〇年先取りするビジョンを描きました。それはEmpathy（共感）です。

社会を根本的に変えたリーダー、マハトマ・ガンディーは、独自の〝E〟を掲げて実践しました。Empower（勇気づける）です。彼は平和というビジョンの実現を目指し、周りの人々を支え続けました。

本書では、わたしが影響を受けてきたこれらのモデルやその考案者たちを紹介し、共有していきます。それにより、読者が自分らしいリーダーシップスタイルを導けるよう支援していくつもりです。

迷ったら、進みましょう！

リーダーシップは筋肉のようなものです。学び、実践し、やってきたことを振り返り、教訓を得る。このサイクルを繰り返してリーダーとして大きく成長するには、不断の努力が必要となります。ただし、楽しみましょう。楽しむことこそ、リーダーシップという剣をつねに研ぎ澄ます秘訣だからです。そして何より、リーダーシップは実践するものです。名作『スター・ウォーズ』シリーズに登場する銀河系最高の剣士、ヨーダの至言をご存じでしょうか。

「違う！　やるか、やらぬかだ。ためしなどいらん」。

マイケル・ジョーダンも「ミスショットは、シュートしないよりよっぽどマシだ」と言っています。シュートしなければ、何も始まりません。

大きな仕事をやり遂げるリーダーは、機会を最大限に利用してシュートを打ちます。もちろん、新米リーダーなら誰でも一度は失敗するものです。しかし失敗から学び、改善に向けて努力することが成功につながっていきます。すべてのリーダーに役立つ言葉を贈ります。

「迷ったら、進め」。

とにかく、やるのみです！

偉大な先輩リーダーのええとこ取りしたのがE5やねん。世界中の色んな組織で使いながらブラッシュアップしてきたから、実用性は折り紙つきやで！

第2章

誰もがリーダーになれる

生まれついてのリーダーなど、存在しない

これまで出会ったリーダーたちの話を聞くと、その経緯はだいたいわたしと同じでした。ときには自ら進んでリーダーになり、ときには人から選ばれてリーダーになったのです。では、なぜそうなったのでしょうか。リーダーシップを備えて生まれてくる人などいません。言い換えれば、学んで身につけることができる資質なのです。わたしたちは親や兄弟姉妹、教師、宗教的指導者、政治家、監督、同級生の振る舞いからリーダーシップとは何かを学びます。そして就職してから上司と出会い、より直接的にリーダーシップを体感することになります。

しかし、リーダーシップとは何なのでしょう？　わたしは最初、権力に関する何かだと思っていました。つまり、単に物事を成し遂げたり、組織に大きな影響を及ぼしたりする力である、と。事実、高校三年生のとき生徒会長に選ばれたとき、こう考えたのを覚えています。自分には肩書とそれについてくる権威もある、だから「思い通

りに人を動かすことができる」と。ですが、それは間違いでした。リーダーシップとそれに従うフォロワーシップは、肩書によって自然に生じるものではありません。リーダーシップは獲得しなければならないものなのです。

優れたリーダーの共通点

これまでに出会ったリーダーたちのバックグラウンドはさまざまでした。男性もいれば女性もおり、カリスマ的な性格の人もいれば内向的性格の人もいて、若い人も壮年の人もいました。しかし興味深いことに、彼らの行動は非常に似通っていたのでした。

優れたリーダーは約束を守り（わたしの好きな日本語は、「有言実行」という言葉です）、肩書を振りかざしません。内心では自分のことを単なる社員の一人だと思っています。にもかかわらず、決断を下すときは、果敢で迷いがありません。周囲に耳を傾け、現実を知ろうとします。と同時に、会議室でその決断が正しいと信じているのが自分一人であっても気にしません。彼らは社会全体の利益を考え、ビジョンを実現して社会に良い影響を与えたいと思っています。

ビジネスコンサルタントのジム・コリンズは、一世を風靡した著著『ビジョナリー・カンパニー2　飛躍の法則』[2]において、組織を飛躍的に成長させたリーダーを取り上げました。そこでは、競合他社をしのぐ業績を上げてきた十一社のリーダーが分析されています。ジム・コリンズは彼らを〝第五水準のリーダー〟と呼び、その行動に次のような共通点を発見しました。

何よりもまず彼らは「謙虚」です。個人的な栄達を求めることはなく、会社が組織的に繁栄するために働いています。成功の栄華は社員たちと分かち合い、失敗したときは自分が責任を引き受ける点に特徴があります。

より意外な共通点は、**彼らの多くが内気でシャイな性格をしていることです**。強いリーダーこそ社交的で、表舞台が大好きに違いないと思っていたのではないでしょうか。しかし、必ずしもそうではないのです。第五水準のリーダーたちの多くは社交性に乏しく、華やかな表舞台が苦手でした。その代わりに、彼らには難しい判断を迫られたときの果敢な決断力があったのです。と同時に、「ビジョンを実現する」という確固たる信念も持ち合わせていました。

リーダーは歯車であり、時計そのものではない

すべてのリーダーが、心に留めておくべきことがあります。機械式時計の中身を想像してみてください。一連の歯車を通じて伝わった動力が、重りのついた歯車を動かし、振り子のような一定の往復運動が生じますね。そして脱進機構というパーツを経て動力が調節機構に伝わり、時計の針を動かしていきます。時計が動いている限り、何百万回もこの一連の動作が繰り返されるわけです。しかし、わたしたちが時計に対して真に求めるのは何でしょう。「今何時何分か」という情報だけです。

歯車を「リーダーが日々行っていること」と考えてください。リーダーシップは時計内部のパーツのように、複雑に絡み合った作用によって人や組織を動かしているのです。言い換えれば、**それ単体で目的を果たすことはできません**。

誰もがリーダーになれる

誰でも初めてリーダーになると、「自分に務まるだろうか」と思うことでしょう。

もっともな疑問です。新しいチームは、初対面のメンバーばかりかもしれません。たとえよく知っている同僚でも、上司として接するのは初めてだったりするものです。でも安心してください。それはまったく普通の、健全な反応なのですから。今までの守備範囲を離れ、重圧にさらされると、自然に〝闘争・逃走〟のスイッチが入るものです。しかし、このときこそ本領を発揮する場面なのです。

わたしがそのことを実感したのが、ロンドン・ビジネス・スクールの講義でした。講義ではまず、ある部門の最高責任者（CXO）を経験した人が同業種の同じようなポストに転職したケースが取り上げられました。たとえばコカ・コーラからペプシ、あるいはGMからフォードに移るような同業他社への転職です。似たようなポストだから経験も実績もあるわけです。そして次に、彼らの新たな職場での業績を比較していきました。比較対象は、業界未経験かつCXOレベルのポスト未経験のリーダーたちです。株主総利回り、従業員エンゲージメントおよびサステイナビリティの観点から彼らを比較した結果、何がわかったでしょうか。

PwC[3]のCEO成功事例研究によれば、**変化の激しい業界ほど、業界未経験者を雇うケースが多いことがわかりました**。具体的には通信、エネルギー、ヘルスケアの業界です。未経験者を入れることによって、新しい考え方を取り入れることができるためでしょう。会社のことを知らないから、興味をもってあれこれ調べることを許されます。むしろそうするよう期待されています。それによって、新しい発見があったり、ビジネスチャンスが見つかったりもするからです。また、シンプルで大きな意味のある疑問は、たいていこうした未経験のリーダーから出てくるものです。

「なぜこのようなことをやっているんですか？」。

こんな素朴な疑問が、変革のきっかけになることはよくあります。多様性こそがチームを強くするのです。

リーダーが問うべきは、いつもシンプル

わたし自身、他業界のリーダーからキャリアについてのアドバイスを求められることがあります。そのとき相手にする質問がこれです。

「これまでの経験を、今後の目標にどうつなげていきますか？」。

皆さんも自問してみてください。多くの人は、質問の前半に対しては饒舌に語ってくれるのです。つまり、大学時代のことやこれまで所属してきた組織や会社についてなど。しかし、後者になると詰まってしまいます。つまり、これまで発見してきたこ

とや、仕事を通じてどのように成長してきたかについて話せる人はあまりいないということです。

あなたはその生き方、個性、資質によって、今ここにたどり着いている。にもかかわらず、今後の目標にどうつなげるかを上手く口にできないとしたら、本書のＥ５は、その大きな助けになるはずです。さあ、出発しましょう！

誰でも「こうなったら素敵やな」「もっといい方法があるかも」と思うこと、あるやろ？　Ｅ５のステップで実現していこ！　そしたらみんなの夢が花咲いて、世界はどんどん良くなるやんね！

第 3 章

Envision

ビジョンを描く

「何のために、なぜそれをやるのか？」目的なくしてビジョンは生まれない

それではいよいよ、最初のEである「ビジョンを描く（Envision）」について話していきましょう。

その最高の例は、歴史から学ぶことができます。アフリカ系アメリカ人公民権運動の指導者である、キング牧師ことマーティン・ルーサー・キング・ジュニアです。あの有名な「わたしには夢がある……」という言葉をご存じでしょう。キング牧師は、自分が目指す新しい世界について、明快なイメージを描いていました。それは、あらゆる人が平等な世界です。すなわち、誰もが考えたことを自由に話し、自由に各々の幸せを求め、安全で平和に暮らすことができる国です。

キング牧師は、歴史に残る演説により、アフリカ系アメリカ人だけでなく、すべてのアメリカ人の心に明かりを灯しました。このころアメリカは国家としての連帯を失いかけ、崩壊の危機にありました。もはや人種差別の問題にとどまらない、危機的状

況だったのです。そのなかでキング牧師の言葉は、アメリカ人が共有してきた〝人種のるつぼ〟という価値観にフォーカスしました。言い換えれば、**アメリカ人であることの意味を人々に思い出させたのです**。すると瞬時に、キング牧師の夢がすべての人のビジョンへと変わったのでした。これこそが影響力のあるリーダーに共通する力です。彼らは説得力のあるビジョンを描くところからスタートします。

では、どうすればそのような説得力のあるビジョンが生まれるのでしょうか。

どうすればビジョンを描けるのか？

答えを言います。**それは、「なぜ」そのビジョンを描いたのかを明らかにすることです**。

そのビジョンが一人で考えたものであれ、社員たちとボトムアップ式でつくったものであれ、必ず「なぜ」そうするのかを明らかにしてください。「何をするのか」と「なぜそうするのか」を切り離して考えることはできません。

わたしはこれまで、本当にたくさんのＣＥＯと議論してきました。彼らのほとんどは、彼らの組織のグランド・ビジョンについて誇りを持って語っていました。しかしグランド・ビジョンには欠点があります。**壮大に、冗長になりすぎるきらいがあるのです**。シンプルなはずのグランド・ビジョンに、方法論や期待される結果、それに関連した指標、細かい解説などが付け足されたら？　結果、重厚な論文もどきに仕上がってしまったら？　非常によろしくありません。必然的に出る質問は「つまり御社のビジョンは何ですか？」。

ですから、はっきり言っておく必要があります。**六〇秒以内にビジョンを説明できないリーダーは失格だ**、と。それはまさしく「エレベーター・ピッチ」です。つまり、エレベーターを降りるまでに要点を簡潔に説明できなければいけません。革新的な仕事をするリーダーは、切れ味の鋭いわかりやすい言葉を使います。そして何より記憶に残る言葉で、言いたいことをずばっと伝える力を備えているのです。

そのうえで、「えっ」と思われることも言います。というのは、ほとんどのＣＥＯや最高幹部クラスのリーダーは、一人でビジョンを作り上げることなど、なかなかできないのです。彼らに明確なビジョンがないわけではありません。ただ、説明できるような形に練り上げるのに非常な苦労をしている、ということです。

それでは、ビジョンを練り上げるにあたってのコツはあるのでしょうか？

フォード社に学ぶ、ビジョンづくりの神髄

もちろんコツは存在します。説得力のあるビジョンは、「やること」ではなく「その理由」を伝えているのです。「理由」こそが、ビジョンを実現する引き金となります。「理由」はビジョンに意義を与え、ビジョンの鮮度を保ち、メンバーの意識をビジョンに集中させます。また「理由」はビジョンが軽視されたり、忘れられたりするのを防いでもくれます。

その最良の例をご紹介しましょう。フォード・モーターの創業者で、自動車業界のリーダーであったヘンリー・フォードです。彼は、「なぜそうするのか」を説得力ある言葉で説明するのが抜群にうまい人でした。彼のビジョンは、自動車生産をはるかに超えたところに存在していました。その証左となるのが、「工場労働者の最低賃金を最初に保証した」ことです。なぜ最低賃金は、フォードにとってそんなに重要だったのでしょう。彼にとって最低賃金の保証は、工場労働者に働き続けてもらうための単なる手段ではありませんでした。真の狙いは、**工場労働者たち自身が毎日組み立てているT型フォードを、彼ら自身が買って乗れる車だと示すことだったのです**。彼の

ビジョンは、「自動車の大衆化」でした。つまり、フォードの車を本当に必要とする人が、誰でも買えるようにすることでした。なぜでしょう。それによってフォード支持者のコミュニティを作り、生産と販売の好循環を作ろうとしたためです。

ヘンリー・フォードは、最低賃金を保証することで自社の労働者たちにチャンスがあることを示し、新たな自由を提供しました。労働者たちがやる気になったことは、言うまでもありません。その後数十年間にわたり、フォードは業界の先駆者として君臨し続けました。

歴史に残るビジョンを見てみよう

そのほか、読むだけで力になるような、有名なビジョンをいくつか紹介しましょう。

・「**わたしたちのビジョンは、アルツハイマー病のない世界です**」。

これはアルツハイマー病協会のビジョンで、端的に目的を伝えています。誤解の余地がなく、〝なぜ〟を問う必要がありません。

・「**すべての人の机の上や家庭にコンピューターを**」。

ビル・ゲイツによるマイクロソフト社のビジョンは素晴らしい。しかし彼は後に、なぜそうすることが重要なのか、なぜそれが世界を変えうるのかを証明せねばなりませんでした。

・「**アイデアを広めよう**」。

これはＴＥＤのビジョンです。ＴＥＤがやっているのは、まさにこれですね。

・「**地球上で最もお客様を大切にする企業であること**」。

これを実現するため、アマゾンの従業員はみな一層の努力をしています。

・「**持続可能なエネルギーへ、世界の移行を加速しよう**」。

テスラはこのようなビジョンで、環境保護を重視する顧客や従業員を引きつけています。

・「**世界中のすべてのアスリートにインスピレーションとイノベーションをもたらすこと**」。

ナイキのビジョンです。まさに業界ナンバーワン企業らしいビジョンといえるでしょう。

目的を見つけよう

リーダーは、組織の価値観にそった明快でポジティブな価値観を持っていなければなりません。その意味で過去の革新的なリーダーには、共通の特徴がありました。

その例の一つが、ビル・ヒューレットとディビッド・パッカードです。彼らは二人でヒューレット・パッカード（ＨＰ）を創業したとき、価値観の力の大きさを証明しました。以下に、彼らのビジョンを紹介します。HP WAYと呼ばれるものです。

「わたしたちのビジョンは世界約一八〇カ国の人々の暮らしをより便利に、より豊かにするために変革を続けることです。このビジョンがわたしたちを奮い立たせ、導きます。ビジョンに基づき、わたしたちはやるべき仕事をやり、なすべきことをなし、発明と改良に取り組み、驚きの体験を創造しています。前進し続けるお客様とともに、わたしたちも前に進み続けます。お客様の仕事、遊び、暮らしはつねに進化しています。わたしたちのテクノロジーは、お客様の世界の進化とともにあります。それがわたしたちの使命です。それがこれからのＨＰです。わたしたちは進化し続けます」。

HP WAYは、このような理想のもとに生まれました。これらは事業計画として考えられたのではありません。また、このビジョンが示すのはゴールではありません。あくまで、創業者の個人的なコアバリューであることに留意してください。このコアバリューは会社の魂ともいえる精神的支柱となりました。二人が共有する次の個人的な信念にも、同じ価値観がよく表れています。こちらも実際に見てみましょう。

一、技術で世界に貢献する熱意。
二、会社全体として、および個人としての優れた業績の追求。
三、ベストな人材配置がベストな結果を生むという信条。
四、事業展開先のコミュニティの幸福に貢献する責任。
五、誠実。

HP WAYにおいて「貢献」は、会社の存在意義を支える理念でした。重要なのは「どうすればわたしたちは成功できるか」ではありません。「**わたしたちは何に貢献できるか**」です。彼らが成功したのは「人が第一、仕事はその後」と信じていたからでしょう。すでに本書で何度か取り上げているジム・コリンズも、優れた会社に共通する特徴として同じことを挙げています。すなわち業界をリードする会社は、適切な人材を集めてチームを作り、彼らが力を発揮して成功できる環境を整えること。

優れた実績が当たり前になるには、この点をおろそかにしてはいけないのです。

エンゲージメント・サーベイで注目すべき点

話をリーダーシップに戻しましょう。時計と歯車の関係で示したように、部下なくしてリーダーシップは機能しません。その点で、部下からの信頼を計測する「エンゲージメント調査」は有効です。生の声を聞くことができるからです。わたしもエンゲージメント調査によって発見したことがあります。エンゲージメント・スコアおよびその後のチームの業績は、次の項目に従業員がつけた点数とよく結びついている、ということです。とりわけ注目してほしいのは、次の二項目です。

・**わたしは会社のリーダーたちおよび彼らが立てた戦略を信頼している。**

・**会社の方向性は明確で有意義である。**

これらの項目に低い点数を付けられた会社の業績が、基準を下回るのは当然でしょう。追い打ちとなる社員からのコメントはこれです。

「わたしのリーダーは、会社がどこに向かおうとしているのかよくわかっていないのではないかと思う」。

ただし、過度にこのようなコメントを恐れないでほしいのも、また事実です。きわめて明快なビジョンを持つリーダーでさえ、先にどんな困難が待ち受けるかまったく予想できないのですから。ただし彼らは、問題は必ず起こるものと仮定して仕事を進めます。そしていざ何か問題が起きたときは、いまの方向性で間違っていないというメッセージを言葉と行動で示すのです。単に有能なマネージャーと革新的なリーダーの違いはここにあります。

自分たちの方向性は間違っていない、とチーム全体に示すこと。その素晴らしい例は、日本にありました。

目的の力 ―― 3・11となでしこジャパンの奇跡 ――

二〇一一年に日本が地震と津波に襲われた直後、日本女子サッカーチームは難しい決断を迫られました。ＦＩＦＡワールドカップトーナメントに参加するのか、震災の犠牲者に哀悼の意を表して参加を見合わせるのか、決めねばならなかったのです。しかし震災犠牲者の家族の全面的な支持もあり、女子サッカーチームは、震災のわずか三カ月後、ドイツに行って試合に出場することに決めました。

ただし、勝てるとは誰も思わなかったでしょう。日本チームはスピードと粘り強さで知られていましたが、アメリカやドイツなどの強豪チームと比べると技術的にずっと劣っていると思われていたからです。しかしこのとき、日本チームには果たすべきビジョンがありました。**国の代表として、悲劇に打ちひしがれた自国民に喜びをもたらすことです**。監督の佐々木則夫は、ワールドカップへの参加は正しい決断だと考えていました。一回戦の二日前。通常であれば、選手たちに気合いを入れるメッセージを伝える場面です。しかし、監督はそうしませんでした。かわりに部屋の明かりを落とし、津波に蹂躙された町や荒廃し変わりはてた風景、生還した人々が写った写真を選手たちに見せたのです。選手一人ひとりの心にその光景は深く刻みこまれました。もう、誰も何も言う必要はありませんでした。

そしてこの年のワールドカップで、日本女子サッカーチームはスポーツ史に残る最高の瞬間といえる勝利を収めました。ＰＫ戦でアメリカに勝ったのです。選手たちの心に刻みこまれた戦いの目的と信念が、チームの力量を最大限にまで引き上げたのでしょう。

アメリカのゴールキーパー、ホープ・ソロは、思いもよらない敗戦の後にこうコメントしています[4]。

「彼女たちは、試合よりもっと壮大な素晴らしい何かのために戦っていました。相手が特別な思いをもって戦っているとき、勝つのは容易なことではありません」。

さぁ、今度はあなたがビジョンを描く番です。次のチェック項目から始めましょう。

・そのビジョンは組織の存在理由を語っている。
・そのビジョンはあなたの本心から出たものである。
・そのビジョンはチームに何をもたらすかを語っている。
・そのビジョンはエレベーターのなかで一分以内に説明できる。

ビジョンをチームで共有したら、次は「どうやって実現するか」です。

「なぜ」に徹底的にこだわろう

どうやってビジョンを実現するのか、という問いの前に、一歩だけ戻って考えてみましょう。そもそも、なぜそのビジョンに取り組むのでしょうか。たとえば、なぜアルツハイマー病のない世界にすることが大事なのか、なぜガンを地球上から根絶することが重要なのか。なぜ新しいアイデアを広めることが大切なのか。

このように、「なぜか」を考えると好奇心が湧き、さらに探求したくなります。

やる気になるきっかけは人によって違います。「広く浅く」タイプの人は、ざっくりとしたコンセプトによってやる気を促します。しかし、分析熟考タイプの人は、ビジョンが意味するところをもっと詳しく知りたいと思うでしょう。

このように、さまざまな人格を持つメンバーたちの心を引きつけるビジョンを描くにはどうすればいいのでしょうか。まず次の質問について考えてみましょう。

「チームメンバーが行動を始めるきっかけになるのは何だろうか？」。

その答えを得るために重要なこととして、わたしはまず、観察して学ぶことをすすめます。ボディランゲージやチームメンバー間の関係性に気を配りましょう。そして発言の合間の沈黙が、何を意味するか感じ取るのです。

カナダ軍でのサバイバル訓練から学んだS・T・O・P

周囲を観察することの重要性を初めて学んだのは、十代の頃です。当時わたしはカナダ軍で訓練生をしていました。そこで、七週間にわたるサバイバル訓練に参加したのです。場所はオンタリオ州北部、起伏の激しい森林湖水地帯奥地にあるキャンプ・ペタワワでした。季節は夏。何が起こるかほぼ予測不可能な状況で、わたしたち参加者はさまざまな任務を命じられました。

ある晩のことは忘れられません。その日わたしたちは、未開の森林奥地を四日間トレッキングするという、とんでもなく過酷な任務を終えたところでした。当然、肉体的にも精神的にもボロボロに疲れ切っていました。誰もが、ようやく快適なテントと温かい寝袋に入って眠れることに安堵していたのです。

ところが午前三時に突然たたき起こされ、わたしたちのわずかな安らぎのひとときは終わりを告げました。小隊長がいきなりテントを引きはがし、わたしたちを寝袋から追い出します。隊長たちは寝袋を足で小突きながら何度も笛を吹き鳴らし、大声ではっきりと命令を発しました。

「三分以内に完全な戦闘装備で整列せよ。できない者はベースキャンプ送りだ。すぐに取りかかれ！」（軍隊用語の〝ベースキャンプ送り〟は失格を意味する）。

同じ隊のメンバー二〇名全員がギリギリセーフで整列しました。真っ暗闇で肩を並べていると、隊長たちが静かにしろと言ってきます。彼らはわたしたちの背後にまわり、わたしたちの顔全体を覆うように布をかぶせて結びました。そして命令が聞こえました。

「これから単独任務についてもらう。今から三日間、きみたちは一人で知らない場所で過ごす。きみたちには次の物が支給される。空の水筒、グランドシート、長さ三メートルの糸、笛、ジャックナイフ、マッチ棒三本、鉛筆とノート、六切れ分のトイレットペーパー。以上だ」。

最後の物に笑いそうになりましたが、ベースキャンプ送りの危険を冒す勇気のある者はいませんでした。

准尉は任務についてさらに説明を続けます。「森の中で一人ずつ車から降ろす。降ろされたら目隠しをしたままその場で百からカウントダウンしろ。ゼロになったら目隠しを外せ。その位置から半径三〇歩以内が作戦行動区域だ。区域外に出ることは禁じる。今この瞬間から三日間誰とも話してはいけない。今言ったことに違反した者は、母親のもとに送り返す（ベースキャンプ送りの別バージョン、つまり失格）。緊急事態、または助けが必要なときは、続けて三回笛を強く吹け。では単独行動訓練を始める」。

ストレスフルな環境に置かれたら、「S・T・O・P」を思い出そう

わたしたちがそのまま一言もしゃべらず待っていると、深夜の泥道に軍用大型輸送トラックが停車しました。目隠しをしたまま一人ずつトラックに乗りこみ、ベンチに座ります。通常は林道として使われている泥道を、トラックはゆっくり進んでいきます。デコボコ道で激しく揺さぶられること約二〇分。トラックが止まり、隊長が「デュプイ、降りろ！」と命令しました。トラックの端まで足をひきずって行くと、隊長が夜の闇に向かってわたしの背中を押しました。飛び降りた瞬間から訓練開始です。わたしは脇腹で転がって着地し、体を起こして低くかがんだ姿勢をとります。残りの者たちを乗せたトラックが走り去るのが聞こえました。わたしは百からカウントダウンしてゼロまで数え、目隠しを外しました。そのとき、数週間前に受けた非常に重要な座学講義の内容を思い出したのでした。それこそが、ストレスフルな厳しい状

況に直面した場合の秘訣である、ＳＴＯＰ反応です。

ＳＴＯＰ反応とは、Stop（立ち止まる）、Think（考える）、Observe（観察する）、Plan（計画する）のことです。これは、リーダーシップを考えるうえでもとても重要なので、ぜひ覚えておいてほしいと思います。

・S—Stop（立ち止まる）

深呼吸して冷静になり、考えをまとめる。何もせずに立ち止まり、心身を落ち着かせる。

・T—Think（考える）

いまの状況について考える。頭の中で現在直面している状況を繰り返し、明らかにし、現実に起きていることとして受け入れる。

・O—Observe（観察する）

周囲を見渡して、環境、人、雰囲気を観察し、気温を測る。

・Ｐ―Plan（計画する）

観察したことをもとにしてよく考え、今後の計画を立てる。起こりうる状況をいくつか想定して書き出し、ありえる結末や因果関係を検討する。

ＳＴＯＰ反応を経て、わたしたちはスムーズに適切な意思決定ができます。ここで最も大事なのは、最善の結果を期待しつつ、最悪の事態に備えることです。

S・T・O・Pをあなたのチームに生かす

話をあなたが率いる組織に戻しましょう。もちろん、チームメンバーをジャングルに置き去りにしたりしてはいけません。しかしすでに述べたように、ＳＴＯＰ反応は困難に直面するすべてのリーダーに役立つのです。部下に接して最初の三〇日間は、「Ｓ」の期間です。すなわち、話を聞くことに徹し、あまり自分の話をしないようにしたほうが良いでしょう。するとリーダーはその組織の過去の経験のなかから、良い面を知ることができます。その上にリーダーの新しいアイデアを積み上げていくことが重要となります。

この段階において、〝耳は二つ、口は一つ〟の精神はとりわけ大切です。会社の人たちの話をよく聞くことによって、チームメンバーのやる気を引き出す言葉やきっかけについて考える材料を集めることができるからです。

さまざまな人に同じ質問をするのも良い方法です。そうすれば何らかのパターンが見えてくるでしょう。回答のパターンは、組織の現状を判断する有効な基準になります。回答のパターンとそれにともなう行動を観察していると、変化を起こすきっかけが見えてくるはずです。

その際のコツもお教えしましょう。ほとんどの場合、質問をして返ってくる答えはその場限りのものです。単に「何があなたのモチベーションになっていますか?」とだけ尋ねれば、どこかで聞いたようなありがちな答えが返ってくるでしょう。ですが、**相手が使っている言葉を使ってもう一度問いかけ、答えが返ってくるたびに深堀りして尋ねていくと、少しずつ変化が現れるはずです**。ビジョンの実現に役立つ貴重な材料が集まってくるのは、そこからです。ですから、粘り強く聞き続ける必要があります。

そこで必ず聞くべき重要な質問を、次に列挙します。

・会社にとって現在の戦略的優先事項は何か。
・自分のチームにとって現在の戦略的優先事項は何か。
・入社した理由は何か。
・会社にとどまっている理由は何か。
・会社を辞めたくなるとしたらその理由は何か。

これらの質問の回答に繰り返し現れるパターンが見えてきたら、「計画（PLAN）」の段階に近づいています。たいていの場合、六〇〜九〇日でその段階に至ります。計画が明らかになったら、行動に移るときです。

利益より大事なものが見えているか？

ところで実を言うと、共通のモチベーションは単なる利益に関係ないことのほうが多いのです。このようにいうと、反論されるでしょう。会社に所属しているなら利益を上げることをモチベーションとするべきだ、と。しかし現実には必ずしもそうではないのです。より正確にいえば、順番がちがうのです。つまり、利益が生じるには、リーダーの個人的な志でもある組織の理念を正しく実践しなければならない、ということです。わたしの場合、透明性、適応力、チームワーク、謙虚さ、道徳観をとくに大切にしています。機会があれば、いつもそのことについてチームメンバーと話してもいます。理念が大切であることは、すでに紹介したアルツハイマー病協会のミッションを思い出せば、立ちどころに理解できるはずです。素晴らしい理念なので、もう一度紹介します。

「わたしたちのビジョンは、アルツハイマー病のない世界であり、アルツハイマー病が患者と家族にもたらす精神的・身体的苦痛のない世界をつくることです」。

この事実が意味するのは何でしょう。**文化、民族、年齢、収入、教育レベル、経歴を超越した人間の本質に関わる共通性がある**、ということです。苦難を終わらせるという重要性は誰もが知っています。共通性に重きを置くことは、次章で述べるE―Express（表現する）においても非常に重要です。

言葉を軽視してはいけない

ビジョンの核心には、「なぜ」がなければなりません。アルツハイマー病協会のビジョンには、病気は苦しみであり、それに対処するために行動しなければならないということが示されています。〝なぜ〟が説明するまでもなく明らかであれば〝どのように〟取り組めばよいかは自然にわかるのです。

あなたが営業チームの前で話しているとしましょう。営業という仕事の性質上、彼らは成果を追い求める傾向があります。目標を達成して組織で認められ、報酬を〝勝ち取る〟ことにやりがいを感じる人が多いということです。だから多くのリーダーが、営業チームに対し、インセンティブにまつわるビジョンを提示するということをやりがちです。それはたしかに重要なモチベーションではあります。**しかしあくまで、組織のコアバリューを実践した結果得られるものとして説明するべきです**。その際リーダーは、営業チームのやる気を引き出す言葉を使う必要があります。〝勝ち取る〟ことはビジョンを実現した結果であって、ビジョンそのものではないということをはっきりさせておかねばなりません。

今度はリスク管理・法令順守対策チームの前で話しているとしましょう。この営業チームとはまったく違う目で世界を見ています。高い給与は彼らのモチベーションの一つではあるけれども、やる気を引き出す決定的な要素ではありません。リスク管理や法令順守のために情熱を持って働く人にとって、金銭的な目標は正しいことをした結果、得られる数字にすぎないのです。彼らの関心は組織の護衛として「どのように」会社を守るかにあり、「守らずして前進なし」を合言葉に働いています。しかし、順守だけが会社の目標ではないはずです。彼らは組織が「正しい道」を踏み外さぬために重要な役割を果たしています。しかしそれが何のためかといえば、会社が大きな目的を達成するため、そして最終的にビジョンを実現するためです。

そこをはき違えると、悲劇が待っています。二〇〇八年の世界的な金融危機の際の話です。当時、多くの銀行が財務目標を達成して株主に利益を分配し、管理職に多額の報酬を支払いました。営業チームの働きが良かったから、会社の期待に応えることができたということもできるでしょう。しかし、その成果は組織のコンプライアンスと倫理を犠牲にして得られたものであり、後に取り返しのつかない代償を支払うことになりました。彼らの勝利は誰かの損失の結果得られたものであり、そのような「不正な利益」が彼らを破滅に導いたのです。もし彼らがリスク管理・法令順守チームに助言を求め、緊密に連携して仕事をしていれば、結果はどうだったでしょう。少なくとも破滅の危機は免れたとわたしは思います。それどころか、もっと利益を上げられたかもしれない。説得力のある「なぜ」を欠き、正しい方針がない組織は、道を誤る可能性が非常に高くなります。

ビジョンを描くための有効な戦略

もしEnvision（ビジョンを描く）が意外に難しいと思っているなら、それは正しい心配です。でも大丈夫。革新的なビジョンを描くための有効な戦略があります。

その一つは時間の使い方を見直すこと、具体的には早起きをすることです。『The 5 AM club（午前五時起きクラブ）』[5]を書いた作家のロビン・シャーマは、優れた業績を上げる人の時間管理術についてとても興味深い発見をしました。プロのスポーツ選手、俳優、タレント、ＣＥＯ、選挙で選ばれた政治家など、優秀な人は何よりも時間を重視するのです。驚くべきことに、彼らの多くは午前五時に起きるのです。そしてたいてい夜一〇時までに寝てしまいます。

リーダーは時間をつくることの必要性と重要性を理解するべきです。時間をつくって考えをまとめ、熟考し、日々の単調な仕事から思考を解放せねばなりません。

複数の視点から戦略を見直そう

時間が確保できれば、戦略を練ることができます。戦略とは一般的に、世界を上空から見下ろして考えることです。しかし、いつも上空にいるリーダーは、地上で起きていることに疎くなりがちです。実際に行動するのは地上であり、変化を起こすのは最前線の社員たちと中間管理職たちです。リーダーが現場から遠のくと、現実に即して決断する力が弱くなります。ビジョンを描く段階では、リーダーがチームの状態を正確に把握することが不可欠です。

だからリーダーは絶えず上下を行ったり来たりすることが重要なのです。

現場のチームの視点で考えるべきなのか（地上）、重役クラスのリーダーたちと役員室で長期的な戦略を練るべきなのか（上空）。これを判断する力こそ、リーダーシップの筋肉ともいえます。言い換えれば、リーダーのソフト・スキル（対人的な意思疎通、指導、交渉の能力）とEQ（心の知能指数）こそ重視すべきです。反対に、ハード・スキル（学習した知識を使いこなす能力）や専門知識は最優先事項ではありません。

「ゾーン」に入る方法

誰でも、すぐれた戦略を思いつきやすくすることができます。それは運動をすることです。といっても大げさな運動は必要ではありません。たとえば長い時間歩いていると、思考が整理されて物事の見通しが得られるものです。スティーブ・ジョブズは「散歩会議」でよく知られていました。アップル社（にとどまらず、テクノロジー全般）に大変革をもたらした革新的アイデアの多くは、散歩会議で生まれたといいますから、バカにできません。

長距離ランナーや自転車競技選手は〝ゾーンに入る〟と同時に、啓示のようなものが降りてくることがよくあるといいます。心身がゾーンに入って同時に機能すると、頭が冴えわたった状態になるのだそうです。**ただしゾーンに入るまでには時間がかかります。具体的には、一〇キロ地点を過ぎてからという選手が多いといいます。**わたしの場合、ゾーンに入るのは、ジムで運動しているときや、早朝にマウンテンバイクで遠出しているときです。自転車のペダルを漕いでいるとき、身体はフル稼働の試合モードですが、頭は漠然とした問いについてずっと考えているのです。すなわち「こうしたら、結果はどうなるだろうか？」、「どうすれば昨日の問題をもう少しうまく解決できただろうか？」など。一〇周目（十五キロ地点）あたりで、こうすればよかったという答えにたどり着いたとき、三、四周ほど夢中でペダルを漕ぎ続けているのに気づきます。わたしの集中ぶりに感動したパーソナル・トレーナーが「いいね、ポール！　あと二周いってみよう！」と言うので、たいていさらに四〜五周ほど漕いでしまいます。情熱的なリーダーは、つねに期待される以上の結果を出そうとするのです（そしてそのツケを翌日に払うことになります）。

思考の過程を記録し、アイデアにつなげよう

世の中を変えるリーダーはプロセスを大切にします。思いついたことを紙に書くか、タブレットに打ちこむか、そのまま口に出して言うか、やり方はいろいろです。いずれにせよ、思考の過程を記録するのは大事なことです。スマホのボイスレコーダーに考えたことを録音する人もいます。実を言うと、わたしがこの本を書き始めた方法はこれです。コーヒーを片手にバルコニーに出て、ふと思いついたことを声に出し、録音する。「なぜこの本を書いているのか？」、「この本の読者に伝えたいことは

何か？」「どうすれば一貫した主張をまとめあげることができるだろうか？」など。そうしてたまった何百もの録音ファイルを書き起こしていったのが、本書の成り立ちです。記録の方法にかかわらず、自問自答はビジョンを明らかにするのに良い方法といえるでしょう。

アメリカ版『マネーの虎』ともいわれるアメリカのテレビ番組『シャーク・タンク』を模したアイデアを思いついたのは、静かに自問自答しながら考えているときでした。その日は週末で、この有名な番組の放送をいくつか見ていました。番組では、新進起業家が一筋縄ではいかない投資家たちに向かって、起業のアイデアをあの手この手でプレゼンします。もちろんプレゼンには台本があるのですが、起業家たちはその場で相手に合わせてどんどんアドリブを入れていくのです。喉から手が出るほど欲しい、投資家からの支援を獲得するために。

私が思いついたのは、この番組のコンセプトを自社に取り入れることでした。社員たちが、起業家たちのようにアイデアを提案するところを、あなたも想像してみましょう。クリエイティブな課題解決方法が出てくるかもしれません。**もっと重要なのは、アイデアを考えたのが社員たちであることです**。課題解決は上司や社長が考えるものだという通念がまかり通っている古い体質の組織では、きわめて挑戦的な考えかもしれません。しかし、わたしはこの通念を完全にひっくり返したかった。それで社内版『シャーク・タンク』を立ち上げたのです。

まず、経営課題や新規参入機会（社内でも社外でもよい）を取り上げます。次に、経営幹部、経営管理部門、事務管理部門など異なる担当業務の社員をさまざまな地域のオフィスから選び、多様性に富んだチームをつくります。そしてすべてのチームに同じ課題が与えられます。各チームは三時間以内に問題を明らかにし、解決の糸口と達成可能な結果、組織にもたらされる利益および課題解決に成功したらどうなるかについてまとめなければなりません。もちろん最終的には〝どうすれば〟それを実現できるかも考える必要があります。

このシャーク・タンク方式の良いところは、課題に取り組むうちに、答えはどんなときも自分やチームメンバーがすでに持っていると実感することです。さらに重要なのは、**社員たち自身が自分たちはすでに答えを知っていると気づくことです**。わたしの会社では、実際にシャーク・タンク方式によって優れたアイデアがいくつか生まれました。なかには世の中を変えるであろう革新的なアイデアすらあります。あなたもぜひ社内版シャーク・タンクを実施し、会社の猛者たちにチャンスをあげてはいかがでしょうか。

完全なるアウェイ、インド支社の立て直しへ

さて、ここまであえて書かなかったことがあります。というのも、本書の方法や考え方は、メンバー同士に暗黙の了解事項がある場合であれば、思ったよりスムーズに実行できるでしょう。了解事項とは、文化的背景、使う言語、人種などが同じであれば……ということです。**しかし流動性がいつになく高まっている現代において、そのような前提がいつ崩れるかわかりません**。ですから、まったく文化的背景の違うような人たちとも共通の意識で仕事ができるようになってこそ、普遍的なリーダーといえるのです。

そのことを示すために、わたし自身の話をしようと思います。日本に来て二十二年が過ぎた二〇一七年ごろには、業界において確かな評判と信頼を築きあげていました。長年の経験でわからないことはほとんどなくなり、優れた業績を上げるチームの育て方や、日本での人材集めや物資調達、仕事の進め方もマスターしていました。

そうした自分が、あらゆる段階で試されることになったのが、インドへの赴任でした。国境や文化を越え、何のコネも実績もない完全アウェイの環境、しかもかなり複

雑な社会にいきなり身を投じたのですから。もちろん、インドの込み入った経営環境や国民性について何の知識もありませんでした。おまけに組織は大規模かつ各地に散らばっていました。

そんななかでも必要なことははっきりしていました。わたしのチームが行くべき方向性について明確なアイデアを得ること、およびチームメンバーたちが何を目指しているのかを知ることです。

コンパス調査からわかったこと

不安は大きく、眠れない日々が続きました。それでも、わたしは日本で学んだことをインドでも生かそうと決めていました。「耳は二つ、口は一つ」の精神です。何よりもまず、聞くこと。そこで「コンパス調査」から始めることにしました。わたしの部下となる幹部社員四〇人に匿名調査を実施したのです。調査は彼らの考えや、彼らのモチベーションが何かを知るための簡単な質問からなります。主要な質問は次の二つです。

・わたしたちが優先すべき重要な戦略的事項は何か？
・わたしたちが目標達成に向かって加速するのを妨げている原因は何か？

回答結果を集計すると、十七の異なる戦略的優先事項が出てきました。四〇人の幹部社員たちが、十七の異なる方向を向いて仕事をしていたのです。もっと衝撃的だったのは、幹部たちがリストアップした戦略的優先事項がほとんど重複していなかったこと。おそらくは、これが一番重要な発見でした。業績が低迷しても、まったく不思議ではない状況だったのです。

インド支社の厳しい現実

組織は混乱しており、幹部たちは自信をなくしていました。彼らは自分のチームのことしか考えず、バラバラに仕事をして、明確に統一された目標がありませんでした。互いのことをよく知らず、さらに悪いことに、互いを信頼していませんでした。当然チームワークは失われ、何度も仕事を妨害し合うほどに関係は悪化していました。

すべての原因は、あまりに違いすぎる文化や習慣でした。業績の低迷は、このような混乱状態を実直に反映していました。何とか良い実績を上げたとしても、それをさらに展開したり持続したりするのは難しいと感じたことを覚えています。

わたしたちは厳しい現実に向き合うことになりました。優先事項についての十七の回答では、三つの事項が何度も言及されていました。

・割り当てられた目標収益の達成。
・営業利益目標の達成。
・年間目標成長率の達成。

この三つは、よくある一般的な重点目標であり、わたしが愛をこめて「会社の健康衛生状態」と呼ぶものです。ただし、これらは戦略的事項でも世の中を変える理念でもありません。そのため、**こういった収益、利益、成長率の目標値を達成することを最終的な目的にするべきではないと理解してもらう必要がありました**。その試みは成功し、ひとまず数値目標から離れることができました。代わりにわたしたちは、三つの新たな習慣を身につけました。すなわち、**自らの行動を振り返ること**、**厳しい現実**

を直視すること、**改善のための共通の行動計画策定に協力すること**。問題は、その次でした。

ワード・クラウドの分析

わたしたちは、コンパス調査の回答に使われていた言葉からワード・クラウドをつくりました。クラウドにおける言葉の大きさには、回答で使われた頻度を反映させました。そこからパターンを見出し、コンパス調査の回答がリーダーたちについて何を語っているのかをもっと掘り下げたのです。チームが正しい方向に進むために何をすべきか知るために。

ちなみに、このようなケースでしばしば行われる「社外研修」はそれほど効果的だとは思いません。ファシリテーターの指導でグループに分かれ、チームワークや戦略の要点を学べるようにアレンジされたゲームに参加するような研修のことです。しかし研修には貴重なリーダーの時間、労力、費用が投入されます。リーダーをチームから引き離せば、チームは動きにくくなります。だからこそ研修には測定可能な成果がなければならないのです。

その点、コンパス研修はリーダー同士が集まって互いをよく知る機会です。また、部下があなたを上司として認識する機会でもあります。わたしたちの場合、リーダーたちの回答から抽出したワード・クラウドと一七の戦略的優先事項について深く掘り下げて考える機会でした。結果としてわかったのは、以下の事実です。会社は薄く広く手を広げすぎており、共通のビジョンも目的もないこと。それどころか全員に通じる共通言語すらないこと。

希望を見出し、それを推進力に変えるプロセス

一方で、数値目標から離れられたわたしたちは、良いことも起こりつつあるのを認識していました。それだけに、その兆しをどのように活用するかを話し合うことが急務でした。

結果、まず手を広げすぎるのをやめ、狙いを定めて集中的に取り組むことにしました。また、現在の顧客や潜在的顧客にとっての信頼できるパートナーであることに甘んじるのもやめることにしました。そのかわり、業界で最も高く評価される会社を目指そうと決めたのです。

それは素晴らしいスタートではありましたが、わたしは少々とまどいながら研修を終えました。チームのメンバーが非常に有能なのは間違いありません。しかし、バラバラでまとまりのない会社に長年なじんでしまっているのも事実です。彼らが一つの目的を共有し、手を取り合って協力するよう導くにはどうすればよいのか。わたしはふたたび長考のための散歩を始めました。

日本とインドの違い

さて、せっかくなので、日本の読者の皆さんのために、日本とインドのビジネスパーソンの違いについて、わたしが感じたことを記しておきましょう。いまやインドは中国に代わり、世界で最も大きな成長を遂げている国です。それだけに、その気質について日本の読者が知っておくことも有用であると思われるからです。以下にわたしが述べるのは、実際に長く彼らと接してきて肌で感じたことです。

まず日本。日本のビジネスパーソンの気質を端的に書くと、コンセンサスと根回しを重んじる傾向にあります。一方のインドはあまり遠慮をせず、大きな夢を抱いていると感じます。

仕事に対する姿勢にも違いがあります。日本の場合、たとえば「みんなでリンゴを取りに行こう」と決めたら、その目標に向かって一丸となります。インドの場合は、そうでない。「りんごと同じように丸くて甘いから」という理由で、目についたスイカを取って終わりとする人もしばしば見受けられます（後ほど述べる「ジュガール」という概念にも通じます）。これらはあくまで異なる点というだけです。どちらが優れているか、という話ではもちろんありません。

なぜこのような違いが生まれるか、いくつもの理由があるでしょう。わたしとしては、平均年齢の差が大きいように思われるのです。インドの平均年齢はおよそ二八歳、日本は四八歳なのですから。

とはいえ、国や人の気質が違えど、革新的なリーダーシップが有効であることは間違いありません。そのエッセンスを、引き続き示していきたいと思います。

ビジョンの鉄則をおさらいしよう

以下に、ここまで示してきたビジョンの鉄則を端的にまとめました。今一度、おさらいして読み進めてください。

・ビジョンは説得力がなければならない

ビジョンは、人の心をつかむだけでなく、誰もが納得するものでなければならない。

・ビジョンには鋭い切れ味が必要

パワーポイントのスライド十枚分のビジョンが記憶に残る人はいない。ビジョンは鋭い切れ味で、覚えやすくわかりやすい、短くシンプルなものが一番だ。

・ビジョンはすべての人に訴えかけるものでなければならない

ビジョンは役職や考え方にかかわらず、誰にとっても魅力的であるべきだ。ビジョンを提示すれば、その場のほぼ全員が内容を理解し、すぐに行動したくなるようなものでなければならない。

・ビジョンは野心的で夢があるものがよい

夢や希望の力が人を動かす。現状維持は人を動かす原動力ではない。世界を変える野心的なビジョンを描こう。

ビジョンにまつわるアイデアを見つけたら、すぐに書き留めましょう。まったく手を加えず、そのままでOKです。考えたり分析したりする時間は、後でたくさん取れます。そして、メモしたアイデアの意味と目的について考えてほしいのです。あなたのアイデアが「もし実現したら？」と考えてみるとワクワクするか？　むしろ怖気づくだろうか？　すぐに行動を起こしたくなるか？　これらの質問の答えがすべてイエスなら問題ありません。このまま進むべきです。アイデアを発展させ、磨き上げましょう。そしてその情熱をチームメンバーと分かち合い、チームがビジョンを受け入れたら何が起こるか想像してみましょう。

リーダーは足を使うべき

話をインドに戻します。リーダーは俯瞰するだけでなく現場意識も大切にすべきだ、ということはすでに述べました。わたしが初めてインドに赴任したときも、まず国中に散らばった部下たちのオフィスを視察して回ったものでした。この地方巡業は、その名の通り、わたしの会社で働く社員たちと直接会って様子を知る機会となりました。

オフィスの社員たちに簡単な自己紹介をして挨拶すると、どこへ行っても同じ質問をされました。相手の役職や職務にかかわらず同じ。「ポールさん、インドのこの会社におけるあなたのビジョンは何ですか？」。

この質問にはいつも次のように答えました。「わたしの最初のビジョンは、社員の皆さんや会社の歴史、お客様、そして現状を理解することです。そのあと未来について考えたいと思っています。六〇日後にわたしの新しいビジョンを提示する予定です」。このメッセージを伝え続けて、社員たちの緊張感とエンゲージメントを保ちました。しばらくすると、**メッセージのなかの「わたしのビジョン」が、徐々に「わたしたちのビジョン」に変わっていったのでした**。

ビジョンを作る過程について伝えておきたいことがあります。一般に、リーダーは部屋にこもってひたすら考え、組織を高みに導くための素晴らしいビジョンにたどり着くと思われがちなのです。でもそれはまったくの誤解です。**最高のビジョンや戦略は、実際にそれを実行する人たちの顔を見て、彼らと一緒に作り上げるべきです**。預言者のようにビジョンを宣下する必要はありません。長年にわたって、とくにボトムアップ式の組織にする場合、そのトップであるリーダーも参加して決定に関わる必要があります。

ビジョンづくりに役立つ六つの自問

壮大で、真心がこもっていて、インパクトがあって、シンプルで、すべての人に通じる。これらは力強いビジョンの特徴です。次の問いは、そんなパワフルなビジョンを作り上げる助けになるでしょう。

・なぜそのビジョンを描くのか？
・リーダーとしてどのぐらいそのビジョンのために努力しているか？
・ビジョンが実現したら世界はどのように変わるだろうか？
・ビジョンを実現するまでの歩みはどのようなものだろうか？
・どうすればわたしたちの目的を達成できるだろうか？
・その道のりでチームのメンバーはそれぞれどんな役割を担うのか？

リーダーとして困難な状況に直面したら、これらを自問してみるべきです。まずノートパソコンかタブレットを用意してください。ノートとペンでも構いません。いま考えていることを書き留めてじっくり考えたら、しばらく放置してください。後に戻ってきてもう一度考え、形を整え、磨き上げて完成させるのです。時間が経つにつれてビジョンが姿を現し、具体的な形になるはずです。

ただしひとつだけアドバイスがあります。**ビジョンを発表するとき、そのビジョンに魅力を感じないメンバーもいるかもしれないということです。そのために、心の準備をしておいてほしいのです**。確固たるビジョンができたけれども、チームにはその実現のためにともに働くことができないメンバーや、そうしたくないと思っているメンバーがいると判断することになるかもしれません。その場合の対処法については後ほどExpress（表現する）やExcite（鼓舞する）の段階で説明していきます。

「全員一丸となって、ともに成長しよう」

わたしの場合「**全員一丸となって、ともに成長しよう**」がビジョンの核心となる思想でした。どこへ行ってもこのメッセージを伝え続けました。全社ミーティングでも、幹部たちとの会議でも、同僚とコーヒーを飲みながら一対一で話しているときも。すると実際、あらゆる場で「皆で一つ」の精神を感じるようになりました。

時間が経つにつれ、驚くべき形でこのメッセージはひとり歩きを始めました。ある朝のこと。幹部リーダーの会議を終えて部屋から出ると、「ん？」と思いました。オフィス内のすべての机の上に、見慣れない卓上三角ＰＯＰがそびえ立っていたのです。社員たちもみな面食らったにちがいありません。そこに印刷されていたのは、ほかでもない、わたしの伝え続けたメッセージでした。それは卓上三角ＰＯＰに印刷され、会社の理念のようなスローガンに進化したのです。

過去を尊重し、未来に注力しよう。
わが身を振り返り、レベルアップしよう。
全員一丸となって、ともに成長しよう。

あとから聞いたところでは、マーケティング部が音頭を取ってＩＴチームに声をかけたそうです。そこから、このメッセージをそれぞれ独自のルートを通じて広めることにしたといいます。マーケティング部は、インド二五の都市にある全オフィスの従業員全員の机の上に、この日の朝一斉に、卓上三角ＰＯＰを置きました。ＩＴチームも同じことをやりました。つまり、会社のすべてのパソコンの壁紙を一斉に変えたのです。それは、いつもわたしたちの胸にある信条を表現した、オムニチャンネル・ビジュアル・ディスプレイでした。このメッセージはインドの隅々まで行き渡り、会社のすべての人が知るところとなりました。

ビジョンが一番大事やで。組織の全員がそのために働くんやから。「自分はなぜこの会社にいて、何のために働いているのか」が納得できれば、絶対全員ついてくるで！

第4章

Express

表現する

「現状に満足せず強い向上心を」と呼びかけよう

おめでとう！　あなたは説得力のある、自分らしい個性的なビジョンを描くという第一歩を踏み出しました。「何を」というロジックと「なぜ」のこもったビジョンを作り上げるのは決して簡単ではなかったはず。それを具体的な言葉にすることは、世の中を変えるリーダーにとって重要な第一歩です。

次の課題は、ビジョンを表現することです。ビジョンを作った本人としては、相手も自分と同じぐらいの情熱を持ってほしいと願うでしょう。そのためには、ビジョンを印象に残るように表現する必要があります。

その最良の例を次に示しましょう。六人の有名人のスピーチからの抜粋です。

「人生においてレンガで頭をぶったたかれるようなことがあっても、信念を失わないこと。自分の仕事を愛してやまなかったからこそ、前進し続けられたのです。皆さん

も大好きなことを見つけてください」スティーブ・ジョブズ、スタンフォード大学、二〇〇五年

「どんな困難やつまずき、失望にさらされたとしても、きっと本当の成功や幸せを見つけられるでしょう。自分の目標を持ち、それが本当にオンリーワンな目標で、人間として嘘がない最高のあなたを表現するような目標であれば」オプラ・ウィンフリー、ハーバード大学、二〇一三年

「若者は誰でも特別な存在でありたいと望んでいます。そう、あなたのことです！でもあなたの周りの世界は、朝から晩まであなたを他の人たちと同じようにするために手を尽くしています。だから問題は、あなたが自分らしくありたいか、それとも他の人たちのようになりたいか、なのです。他の人と同じように生きることは、一見楽そうに思えますが、長い目で見ればそんな人生には満足できないでしょう。……その戦いに勝つために必要なことが四つあります。まず目標を持つこと、次に学び続けること、三つ目に献身的に働くこと、最後に忍耐です。この四つのことを忘れなければ、必ず自分らしく生きることができるでしょう」アブドゥル・カラーム、インド工

科大学マドラス校、二〇一〇年

「父は世界一面白いコメディアンになれたかもしれません。でも父は自分にできるとは思えませんでした。だから安全な道を選んだんです。安定している職業として会計士になりました。でもわたしが十二歳のとき、父はその安定した職を解雇され、わたしたち家族は生きのびるためにあらゆることをせねばなりませんでした。父からは大事なことをたくさん教えてもらいました。なかでも一番大切なことは、やりたくないことを選んでも失敗するのですから、大好きでやりたいことにこそ挑戦するべきだということです」ジム・キャリー、マハリシ経営大学、二〇一四年

「わたしは自由になりました。なぜなら最も恐れていたことが現実になっても何とか生きていて、愛する娘もいて、古いタイプライターと大きなアイデアもあったのですから」J・K・ローリング、ハーバード大学、二〇〇八年

これらの考え方やアドバイスは、話し手の人生経験から生まれたものです。彼らは自分の言葉で真実を語っているだけではありません。何よりも、自分の弱さをさらけ

出している点に注目してください。彼らは、弱みを含む自らのすべてを飾らない言葉で語っています。それによって、若い卒業生たちの目的意識や希望、自尊心を奮い立たせたのです。

チームがビジョンの力を信じるようになれば、ビジョンがひとり歩きを始めます。チームの情熱も組織に広がり始めます。ここまできたらリーダーは一歩下がり、変革へと向かう動きを見守ればよいのです。それでは次のE—Express（表現する）に進みましょう。

E —— Express（表現する）

「表現する」とは、ただ周知することではありません。メッセージや物語、そして行動を通じて、ビジョンに命を吹き込むのです。

最高にいいタイミングで素晴らしいビジョンを思いついたとしましょう。そのビジョンは明快で簡潔にまとまっています。しかも、社員のモチベーションを高める内容になっている。ではそれをどのように相手に伝えればよいでしょうか？　残念ながらこのExpress（表現する）の段階で失敗するリーダーは多いのです。

なぜでしょう。多くの場合、現場で働く社員たちとの関わりに問題があるのです。現場の社員たちがビジョン実現の道のりに待ち構える困難、喜び、痛み、希望に理解と共感を示さないのであれば、ビジョンは無意味なスローガンと化してしまいます。

より難しい場合もあります。**ビジョンが論理的すぎるケースです**。これもまた、共感を得られない原因になりがちなのです。

どういうことでしょうか。

ロジカルなのに支持されないリーダー

論理的すぎるリーダーはデータに基づく判断を好みます。一方、会社の実態を把握していないことが多いものです。**彼らは、社員たちになじみのある言葉を使ってビジョンを説明しようとしません。理論的用語をちりばめ、目標数値で表した成果をビジョンとして提示しがちなのです**。もちろん成果目標は重要ですが、チームメンバーの個人的な目標とは無関係のはずです。さらに悪いことに、論理的すぎるリーダーはチームのモチベーションを上げることに無関心です。かつ経営陣にとっては重要だが、ほとんどの社員たちには遠い世界の話にしか聞こえない会社の未来について語りがちです。そういうわけで生ずる社員たちからの冷ややかな反応に、論理的すぎるリーダーは失望することになります。

論理的すぎるリーダーの口癖は主に、次のようなものです。あなたは大丈夫でしょうか？

・「社員たちが〇〇をわかっていないのは、わたしの責任ではなく……」
・「何回も言っているのに、社員たちは全然わかってくれない。要求するレベルが高すぎるのだろうか？」
・「同じことを何度言わせるのだろう。もう勘弁してほしい」
・「リーダーとしてやるべきことはやった。〇〇が達成できるかはチームの働き次第だ」

なぜこんなことになってしまうのでしょうか。たいていの場合、ビジョンそのものではなく、リーダーのビジョンの「表現の仕方」に問題があるのです。

ジョブズのスピーチを音読すれば、わかる

ここでお手本になるのが、スティーブ・ジョブズです。彼は、人に行動を起こさせるようなビジョンの表現がずば抜けてうまい。しかし彼がメッセージの影響力を高めるためにどのような言葉を使い、どのように間合いを取っていたのかを理解している人は少ないのです。発売当時、衝撃的な新製品だったiPod[6]リリースの際のスピーチから抜粋して、その効果について詳しく検討してみましょう。

「iPodの最高の美点は、ポケットに音楽ライブラリーが全部入ることです。いいですか？　自分の音楽ライブラリーがポケットサイズになって、丸ごと持ち歩けるんです。今までに決してなかったことです。それがiPodです」。

もう一度この抜粋を読んでみてください。ただし今度は、スティーブ・ジョブズになりきって読んでほしいのです。言葉に情熱をこめて、声量に気をつけて、抑揚をつけて伝えること。そして間合いを十分取り、ノックアウトの一言「**今までに決してな**

かったことです」を言うのがポイントです。このセリフを強めに大きな声で言うとさらに効果的です。誰にも二度見されない場所で練習してみましょう。

ぜひ、次のような間合いの取り方で太字の言葉を強調して読んでみてください。

「iPodの最高の美点は、ポケットに音楽ライブラリーが全部入ることです。

いいですか？

自分の音楽ライブラリーがポケットサイズになって、丸ごと持ち歩けるんです。

今までに、決して、なかったことです。

それがiPodです」

素晴らしいスピーチではないでしょうか。伝え方を少し工夫し、情熱をこめたり間を取ったりすることにより、力強いメッセージの表現となるのです。ひいては、すでに完成していた壮大なビジョンをより印象深くはっきりと伝えることができるのです。

本当に役立つ指針を見つけよう

前章Envision（ビジョンを描く）で、業績が低迷中の組織を率いた経験について述べました。結果としてビジョンが共有され、卓上POPにまで印刷されたことも、すでにご紹介しました。それでは、これらのビジョンはどのようなプロセスを経て表現されたのでしょうか。

わたしたちがコンパス調査を行った後、会社のリーダーたちを集めて行ったのが「コンパス研修」です。コンパス研修は、コンパス調査の回答をじっくり検討して結論を出す機会です。わたしが率いていた組織の場合、会社は薄く広く手を広げすぎるという罠にはまっていました。だから次のような指針を採用することに決めました。「仕事を減らして効率を上げよう。何でも屋をやめてスペシャリストになろう」。

またわたしたちは、過去から受け継いできたものにこだわりすぎていました。「今までずっとそうやってきた」、「前にチャレンジしたけど、できなかった」などが口癖になっていたのです。ゆえに次のような未来志向の理念を採用しました。「過去を尊重し、未来に注力しよう」。そのほかに、物事が計画通りにいかないときは人のせいにするという悪しき風潮もありました。チーム間の連携がまったく取れていなかったのです。それだけに、次のような指針を導入するのは、無謀ともいえる挑戦でした。「わが身を振り返り、レベルアップしよう」、「皆で一つのチームになろう。チーム一丸の精神で、全員が同じ方向に向かい、目標を達成するためにともに働こう」。

その後、できあがったビジョンをほかの社員たちに広めるのは楽しい仕事でした。わたしたちは業界において業績が上位にあるわけではなかったし、評判が良い会社でもありませんでした。むしろその逆です。だからこそ、その両方を逆転させることを目指したのでした。この大胆な野望は社員たちの心をつかみ、支持を得ました。ビジョンはスローガンになり、協力して努力する行動につながっていきました。それはわたしたち版のＢＨＡＧ（社運を賭けた大胆な目標）ともいえます。サリム・イスマイルは著書『シンギュラリティ大学が教える飛躍する方法：ビジネスを指数関数的に急成長させる』[7]において、次のように述べています。

人の心をつかむビジョンは、ＭＴＰ（野心的な変革目標）として一歩先を行くべきだと。現状の維持や改善を目指すのではなく、現状や前提を根底から覆す改革を目的とするのがビジョンなのだと。

一方通行では、表現とはならない

ビジョンを共有するときでも、単なる進捗の報告でも、Express（表現する）は決定的に重要な要素です。したがって前章のEnvision（ビジョンを描く）と同じルールが当てはまります。つまり、部下との協力が必要ということです。「耳は二つ、口は一つ」の精神で、周囲に意見を求めることから始めましょう。時間をかけて情報を集めれば、よりインパクトのある形でビジョンを表現できるはずです。**効果的な伝え方における第一のルールは、相手と気持ちを通じ合わせること。特定の世代や性別、居住地域に限らず、すべての人の心に届くようにビジョンを伝えたいなら、絶対に従うべきルールです**。

聞くことの重要性を、別のエピソードからも示してみます。すでに述べたように、わたしにとってのインドはかつての日本同様、まったくもって未知の文化でした。にもかかわらず、責任ある立場として、部下からのさまざまな相談に対応しなければならないのです。

一人の部下がドアをノックして、わたしの部屋に入ってきます。そして、相談をしてきます。ファイナンスにおける、いくつかの問題について。ですが、そのときのわたしは着任したばかりで、有効な答えをすぐには出せそうにありません。おそらく、読者の皆さんにも今後、似たようなピンチが訪れるはずです。そのようなときは、次のような言葉を発してみてください。

「あなたは、どう考えていますか？　現時点でのプランを聞かせてくれないでしょうか」。

　すると部下はまず間違いなく、あらかじめ考えていたいくつかのプランについて話して聞かせてくれるはずです。A案はこう、B案はこう、C案はこう、自分としてはB案が良いように思う……。そうなれば、答えは決まっています。

「B案でいこう」。

　これで多くの場合はうまくいきます。小手先のテクニックではありません。**声高に指示するだけが優れたリーダーシップではない、ということです。このようにして部下の内面にあるアイデアを尊重し、押し出してやることもときには必要なのです。**

繰り返しは言葉における重要な技術

適切なタイミングで適切な相手に適切な言葉で働きかければ、大きな影響力が生まれます。「同じ言葉を話す」という古いことわざをご存じでしょうか。自分の言いたいことを相手の言葉で言い換えて伝えれば、相手との関係をうまく築けるのです。たとえば、「組織の一体感」を伝えたいとしましょう。なじみのある言葉で言い換えるなら、「チームの一員である」、あるいは「ともに働いている」などの言い方があります。こういった言葉を、適切なトーンで語りかけることが肝要です。先ほどのジョブズのスピーチで練習したように。

適切な言葉のほかに、ジェスチャーや聞く態度も重要です。相手と目を合わせましょう。そしてほとんど気づかれないほどのわずかな頷きで、相手の話を理解していることを示してください。同時に話の先を促す微笑みを浮かべ、少し前のめりの姿勢で相手の話に集中している態度をとりましょう。

これには真摯な努力が必要です。反対に言えば、気持ちを通じ合わせて目標を達成したいと心から望んでいなければ、すぐ相手に見抜かれてしまいます。**なじみのない**

言葉を使い、部下に感心の薄いリーダーには、誰でもすぐに興味をなくすものです。

説得力のあるメッセージの表現方法について、もうひとつアドバイスがあります。力強くメッセージを表現するには、次の三つのことに取り組むとよいのです。

第一に、うまくいっていることを明らかにしてください。同時に、うまくいっていないことにも言及するべきです——ただし、前向きに現状を変えるような内容にすること。

第二に、ビジョンの表現を明るい未来に結びつけるよう話してください。夢を大きく持つようにチームを励ます、ということです。「どうすればこれができるか、考えてみよう」、「もし……ならどうだろうか?」といった質問が効果的です。

そして第三に、聞き取りから作成したワード・クラウドから言葉をそのまま引用して、チームの言葉をビジョンに組みこんでみましょう。

内省と熟考の時間を持とう

ここまで、社員と一緒に過ごし、質問をしてその返答に耳を傾けたことでしょう。綿密に調査し、議論し、フィードバックを集め、気づきや所見をまとめたでしょう。

いまこそ振り返りと熟考のときです。

優秀なリーダーは、とくにビジョンを表現するとき、振り返って考えたことを活用します。つまり、過去を尊重し、未来に注力するような内容ということです。すでに挙げたいくつかの名スピーチを読み直すのも良いでしょう。

そのうえで、未来志向のリーダーであれば、良い従業員を支援し、悪い従業員には改善を求めること――もっと踏み込むならプロジェクトから外すこと――をはっきりと伝えるでしょう。

短縮版の〝エレベーター・スピーチ〟も手を抜かず面白くしよう

エレベーターのなかで、駐車場で、短いコーヒー休憩で、短い時間でビジョンを語らねばならないときもあるでしょう。短いバージョンでも爪痕を残せるような力強いメッセージを考えておきましょう。

媒体を効率的に利用しよう

マーケティングの世界では、商品やブランドの体験や、顧客とのコミュニケーションがオムニチャンネルによって変わってきています。ビジョンやメッセージを表現するときは、オムニチャンネルを使うべきです。顧客へのアプローチは、顧客の動きに合わせねばならず、オンラインとオフラインの両方のチャンネルが必要となってきます。

全社ミーティング、vログ、ブログ、SNS、社内報。すべてがメッセージを広める効果的な媒体です。〝なぜ〟がEnvision（ビジョンを描く）の主役ならば、〝どうやって〟がExpress（表現する）の主役なのですから。

リーダーはどの媒体でメッセージを表現するときも、つねに一貫性を保ち、誠実でなければなりません。いつも同じぐらい情熱的に、同じメッセージ、同じビジョンを伝えねばなりません。しかし、同じ媒体で同じように語り続けていたら、誰だって飽きてしまいます。だからこそ、多様な媒体の力を借りることが大切なのです。

相手の心をつかむものを見つけよう

あなたがアマゾンで最初に商品を見たとき、すぐには「購入する」ボタンを押さないはずです。[8]「購入する」ボタンを押すのは――必死で稼いだお金を渡す約束をするのは――何度も商品を見てからではないでしょうか。

ある潜在的な買い手が朝、タブレットか何かで、ある商品を見たとします。ほぼ間違いなく、もっとリサーチするために他のウェブサイトも見るでしょう。他のサイトでは同じ商品をいくらで売っているのかをチェックするか、もしくはその商品とほかの商品を比較するでしょう。たくさんの情報が頭に入ります。たぶん後でもう一度それらのサイトをさらにリサーチするでしょう。帰宅途中にもスマホで見るに違いありません。情報を集めつつ、友人に意見を聞いたり、商品レビューを見たりするでしょう。そして夕食後など手が空いているときに、アプリを開き、やっと「購入する」ボタンを押すのです。

ビジョンを表現して相手に受容させるのは、これと非常に似ていないでしょうか。少なくとも、リーダーはアマゾンの例から一つの鉄則を学べます。**まず、相手との接点は一つでは足りないということ**。買い物と同じで、一回伝えただけではビジョンへの同意を得ることはできません。おそらく二回や三回でも無理でしょう。だから次の法則が導き出されるのです。**何度も、何度も、何度も、何度でも繰り返しましょう**。

マーケティングの専門家たちの一般的な共通理解としては、**買い手が購入を決意する**

までに五～七回の接触が必要といわれています。

曖昧な表現は使わない

すでに述べたように、世の中を変えるリーダーは目標達成のために全力を尽くします。彼らは曖昧な言葉を使いません。「何を」「なぜ」「どうやって」を明確に表現するということです。と同時に、マクロの視点で考えるビジョンのレベルと、現場で考える実務的なミクロの視点のちょうどよいバランスを取るように心掛けてもいます。そしてビジョンを表現したり、ビジョンをチームで共有したりするときは、いつも確信を持って伝えます。何度も、何度でも。

振り返り、フィードバックを集め、修正しよう

凡庸な結果に満足するのを防ぐ最良の方法は、自己批判的になることです。自信と謙虚さを持ち、フィードバックとアドバイスを求めましょう。そして次のような厳しい問いで自らを振り返るとともに、信頼できる同僚にも聞いてみるべきです。

・わたしのメッセージはどのように受けとめられていたか？
・どうすればその結果を確実に知ることができるか？
・その伝え方で彼らは行動を起こそうと思うか？
・わたしたちが見落としているものは何か？

聞きたい答えが返ってこないことも、当然あります。それを恐れて二の足を踏むリーダーも多くいることでしょう。しかし社員たちは、仲間に加わって行動を起こす前に、リーダーとビジョンを信じるべき根拠を求めているのです。ぜひ恐れずに聞いてみましょう。

何よりも、くり返し伝えること。これがExpress（表現する）の最も重要な秘訣です。ビジョンを伝達するコミュニケーションにおいて、やりすぎることはまずありません。コミュニケーションは、自分の個性を出しつつチームの雰囲気に合わせ、ダイナミックかつ流動的でなくてはならないのです。

組織にビジョンを浸透させる、これはなかなかの大仕事やね。でもやることはごっつシンプルやねん。社員の話にひたすら耳を傾けて、相手が使っている言葉を山ほど集めること。それを使えば、社員の心に届く最高のメッセージを作れるで！

第5章

Excite

鼓舞する

鼓舞するために、気持ちを通じ合わせる

一九八〇年の冬季オリンピック。アイスホッケーの結果は始まる前から決まっていたようなものでした。それまでソビエト連邦（現在のロシア）が過去六回のオリンピックで五回金メダルを取っていたのです。ニューヨークのレークプラシッドで開催される次の冬季オリンピックでも、ソ連が優勝すると思われていました。ソ連チームはＫＨＬ（訳注：コンチネンタル・ホッケーリーグ。ロシア、フィンランド、中国などで構成されるプロアイスホッケーリーグ）やヨーロッパのトップリーグでプレーするプロの選手で固められ、国際試合での経験が豊富でした。一方、アメリカのトップ選手たちはＮＨＬ（訳注：ナショナルホッケーリーグ。北アメリカのプロアイスホッケーリーグ）でプレーしていました。ＮＨＬは言うまでもなく世界的なプロリーグでしたが、選手たちがオリンピックに出場することを許可していませんでした。したがって、アメリカチームは大学レベルのアマチュア選手のみで構成されていたのです。平均年齢は二二歳、その年のオリンピック

トーナメントで最も若いチームであり、歴代アメリカ代表チームのなかでも一番若い連中でした。

アメリカチームはロシアやフィンランド、チェコスロバキアなどの強豪国とは勝負にならず、トーナメントの早い段階で敗退すると思われていました。ところがアメリカチームは間もなく世界に対し、ビジョンの力を証明することになります。ロシアとの準決勝の直前、アメリカチームの監督ハーブ・ブルックスは、どちらかといえば凡庸な若者の寄せ集めといえるチームの前で、次のように語りました。

「偉大な結果は大きなチャンスから生まれる。そしてお前たちにとって、今夜がそのチャンスなんだ。今夜おれたちはここで勝つ、この一試合に。**おれたちがロシアと一〇回戦えば、九回はロシアが勝つ。でもそれは今夜のこの試合じゃない**。今夜おれたちはロシアと同じリンクに立ち、ロシアに食らいつき、ロシアに勝つ。なぜならおれたちにはそれができるからだ。

今夜、おれたちは世界最強のホッケーチームだ。お前たちは――お前たち全員が、アイスホッケーをするために生まれてきた、今夜この戦いにふさわしい人間だ。やつらをぶっ潰せ。今こそお前たちの番だ。さあ行け、やってこい！」[9]。

ハーブ・ブルックスは、トーナメントが始まってもいないときからビジョンを持っていました。そのために彼は、氷上で行われる過酷な入団テストと同じぐらい、きつくて面倒な心理テストを使いました。それによって、チームの方向性についてさまざまなパターンを考えるためです。心理テストは、選手たちの感情傾向、ストレスに対する反応、勝利に対する責任感や情熱をよく理解する手立てになりました。

つまりアメリカの選手たちは最初から、アイスホッケーの技術や身体技能だけで選ばれていたわけではありませんでした。**性格傾向を考慮して選りすぐられたメンバーだったのです**。ブルックス監督はまた、選手たち一人ひとりのモチベーションになるものを把握していました。彼は意図した反応が選手から返ってくるまで、絶え間なく選手のモチベーションを刺激し続ける監督として有名でした。

だから監督が試合前にスピーチしたとき、言うべきことはすでに全部決まっていたのです。そのスピーチで決定的に重要なE、Excite（鼓舞する）に成功し、選手たちを勝利に導いたのでした。

それは「ワクワクする」ビジョンか？

あなたのビジョンは人に刺激を与えられるでしょうか。ワクワクして「やってみたい」と思わせることができるでしょうか。伝説の勝利を導いた先ほどのスピーチは、実は紙に走り書きされたものでした。それでも、若者たちの心に火をつけたのです。

ブルックス監督が直面した状況は、わたしたちがリーダーとして遭遇する困難と似通っています。チームの前でビジョンについて話す準備をしたことを思い出してみてください。組織の未来を明快に語り、チームに発破をかけて行動を始めてもらうのが狙いだったはずです。Excite（鼓舞する）の力が、このときこそ必要になります。本章のテーマは、人のやる気を引き出す秘訣です。

……が、その前にまず、リーダーとしてあなたのこれまでのＥ５の歩みを振り返ってみましょう。

・社員たちの話に耳を傾けてきた。
・何が社員たちのモチベーションになっているかを理解した。
・会社の幹部や従業員らと緊密にコミュニケーションを取り、ビジョンを作り上げた。
・ビジョンをリアルに感じてもらうための伝え方について戦略を練った。ビジョンを大胆に語り、彼らの想像力に火をつけ、彼らにとって意味のあるものにすることができた。

今、あなたは慎重に作り上げたメッセージを組織の隅々まで届けることができました。それでは、メッセージが社員たちのやる気を引き出す「ツボ」を押さえているかをどうやって確認するのでしょうか？

「ビジョンが重要とは思いません」と言われたら

だからといって、社員たちにビジョンについてどう思っているか、いきなり尋ねるのは危険かもしれません。また、彼らからビジョンがとくに重要とは思わないという答えが返ってきても、それを受けとめる準備をしておくべきです。謙虚になりましょう。そういうときこそ、自らの行動を振り返ってよく考える好機なのです。

一般的には、会社からの要求に対して従業員は「承知しました」と答えるしかないと思われています。しかしこの考え方は結局「従業員が理解していなければ、すべて従業員の責任であり、従業員に問題がある」という責任逃れの主張につながるだけです。これでは何の解決にもなりません。

伝えようとしたメッセージが本当に理解されているか検証することは、非常に重要です。**その確認を怠れば、リーダーは「伝言ゲーム」の罠にはまる危険があるためです**。たとえばリーダーが会議でメッセージを発信したとします。出席したメンバーがそれを知り、そのなかの誰かが休憩時間にコーヒーマシンの前でほかの社員にそれを話したり、メールでそのメッセージを送ったりします。時が経つにつれて、そのメッセージはたくさんの人を経由して拡散するでしょう。ここに危険があるのです。その過程で元のメッセージは改変されたり修正されたりして、まったく原型をとどめない別物に変わってしまうことがしばしばあるためです。ここで立ち止まって明らかにするべきです。懸命に作り上げたメッセージは大切に守らねばなりません。

わたしは毎年一一月から一二月にかけて、自社のオフィスをすべて訪問する巡回ツアーに出かけています。インドにある二五のオフィスをすべて回り、「わたしたちのビジョン」というテーマの二カ年計画を伝えるためです。二カ年計画は会社のビジョンに根差しており、ビジョンは「北極星（常に目指すべき地点）」として会社のすべてにおける指針となっています。また「過去を尊重し、未来に注力する」の実践も大事にしています。各オフィスの社員たちと会社のそれまでの歩みを祝い、ビジョンが実現したら世界はどうなるかに思いを馳せ、楽しい未来を想像するのです。

もちろん時間が経てば、ビジョンの修正が必要になります。だからといって、メッセージをころころ変えるのはよくありません。一貫性を保つことが大切です。組織の隅から隅まですべての社員を鼓舞することができれば、目標を達成したも同然なのですから。

なぜ、反応が返ってこないのだろう？

リーダーなら誰でも、メッセージを伝える努力をしているはずです。なのに社員たちがわかってくれないことに失望した経験があるのではないでしょうか。「なぜ、反応が返ってこないのだろう？」。

これまでに話を聞いたリーダーたちのなかには、社員たちに行動を求めても何も変わらないことにとくに強い失望を感じている人たちも多くいました。

ある多国籍大企業のＣＥＯと夕食をとったときのことです。彼は、強いカリスマ性を持っていた前任者からＣＥＯを引き継いだ人でした。前任のＣＥＯは、必ずしも明確なビジョンを持っているわけではなかったものの、場の空気を支配して聴衆を感動させるパフォーマンスが得意だったといいます。しかしそのあとを引き継いだ彼はその正反対のタイプでした。彼のメッセージの伝え方は単調で平板だったのです。つまるところ彼は、周囲を鼓舞する能力はリーダーとして重要な能力ではない、と固く信じていました。

彼は集まった人たちの前で、次のようなことを言ったのでしょう。「はっきりさせておきたいことがあります。わたしがあなたのやる気を引き出そうとしていると思っているなら、それは違います。わたしはそのようなリーダーではありません。わたしがするつもりなのは、あなたたちに成功への道を示すことです」。このメッセージが明快でわかりやすいという点では、彼に落ち度はありません。彼は部下たちに大きな声ではっきりと次のように告げたのです。「わたしはあなたを励ます人間ではない。あなたのやる気を出すのはあなたの仕事だ」。率直さに関しては満点。しかしいくつか心配なことがある、と皆さんも思うのではないでしょうか。

リーダーとして何かを「やらない」と宣言することから始めたら？　当然、社員たちの一部は即座に離れていくでしょう。リーダーに励ましたり元気づけたりしてもらうことを期待している社員も多くいるのです。

トーマス・エジソンとスティーブ・ジョブズ

一八七六年頃、トーマス・エジソンは技術者をたくさん雇っていました。〝マッカーズ（下働きの職人）〟と呼ばれるエンジニアたちは当時、生涯エジソンの下で働きました。彼らのほとんどは大学卒業後あるいは技術見習いを終えた後、エジソンの会社に入りました。彼らの週の平均労働日数は六日、平均労働時間は五五時間だったといいます。エジソンがいいアイデアを思いつけば、かなり夜遅くまで働くこともあったようです。

エジソンはカリスマ性で有名になったわけではありません。実際、マッカーズの一人によれば、エジソンは辛らつな皮肉で技術者を落ち込ませたり、ひどくからかったせいで技術者が辞めたりすることもあったといいます。しかし、エジソンの下で電気技師をしていたアーサー・ケネリーはこう言っているのです。「この偉大な人物と過ごした六年間はかけがえのない特権であり、人生最高のインスピレーションを得られた[10]」。

では、何がエジソンの職人たちのやる気を引き出したのでしょう。エジソンはいつも、**働く意欲の先にある壮大な目的を示していたのです**。エジソンのビジョンはおそらく、ニュージャージー州メンロパークに設立した世界初の産業研究所でした。「メンロパークの魔術師」と呼ばれていたエジソンの情熱は、発明工場の発明者チームのやる気に火をつけたと思われます。彼らは、エジソンのたくさんの発明が人々の生活を変えたのを目の当たりにしていたのですから。

時代を下って、スティーブ・ジョブズも、エジソンと似ています。彼は一九九六年にアップル社に戻ってきました。そしてアップルの研究開発部に部外秘の研究室をつくり、エジソンのマッカーズに匹敵する技術者集団の育成を始めたのでした。

エジソンとジョブズのエピソードには重要な教訓が含まれています。彼らは二人とも、カリスマ性だけでは壮大なインスピレーションを与えられないということを知っていたのです。**彼らはある時点で、人は夢からインスピレーションを得ているのだと理解したのでしょう。だから彼らは、自分の夢をチームと共有したのだとわたしは思います**。当時、彼らの夢は突拍子もない信じがたいことに思われたでしょう。歴史家たちがエジソンの最大の発明は彼が作った研究所だと考えているのは、さほど不思議なことではありません。スティーブ・ジョブズは、Macの技術者たちに対し、きみたちの仕事は世界に大きな影響を与えるだろうと伝えました。**ジョブズは自分の夢を**

人に任せることに大きな喜びを感じていたのです。

何事もシンプルに！

Excite（鼓舞する）の段階でこれらの重要ポイントを押さえていなかったら、Ｅ５の進みは非常に遅くなります。これまでわたしがアドバイスしてきたＣＥＯたちにも、そうなったケースがありました。彼らはよく練り上げられた力強いビジョンを描き、堅実な戦略を立て、メッセージを伝えました。にもかかわらず、彼らはインスピレーションを与えることに失敗したのです。なぜそんなことになるのでしょう。

それは、ビジョンの目的と影響力よりも、メッセージのうわべを飾り立てることに力を尽くしたからだと思われます。〝何事もシンプルに〟はExcite（鼓舞する）における最重要ポイントです。

好奇心を刺激しよう

過去の歴史を振り返ると、シンプルな言葉を使いながら、人の心を動かすことに驚くほど長けているリーダーを見つけられるものです。マーティン・ルーサー・キング・ジュニアは間違いなくそのうちの一人でしょう。彼はたった四つの単語「I have a dream（わたしには夢がある）……」とそれに続く重苦しい沈黙によって、しびれるようなインスピレーションを与えたのですから。

誰かが「わたしには夢がある」と言えば、聞き手の心に「それは何だろう?」という疑問がぼんやりと浮かんできます。マーティン・ルーサー・キング・ジュニアはその歴史的な演説の冒頭で、聞き手の好奇心を刺激することに成功し、聴衆全員の関心を引きつけることができたのです。

古い話だ、と軽んじて欲しくないのです。**好奇心には、驚異的な力があります**。メッセージの冒頭で聴衆の好奇心を刺激できれば、聴衆は前のめりでリーダーの話に耳を傾け、会場は期待感に包まれることでしょう。このように聞き手に積極的に関わることは、聴衆の心を鼓舞するための重要な第一歩なのです。

キング牧師はその道の達人でした。彼は一部の人や特定の年齢層・性別などに限らず、集まった聴衆全員の心に届く表現に力を入れていました。聴衆の人種や支持政党にかかわらず。彼はいつも「わたしたち」や「みんなで」のような言葉をたくさん使って話しました。平和な世界を望むことに反対する人はいないからです。

キング牧師は〝声の調子と大きさ〟を使いこなしてメッセージを伝える達人でもありました。彼の演説をよく聞くとわかるはずですが、意味深な沈黙も大きな影響力を与えられます。ぜひ、動画などを見て研究してみてください。

対話を促す質問の型を身につけよう

もちろん、ビジョンを語るシーンは壇上だけではありません。チームとミーティングをするときも同様です。そのような場では、対話が生まれるようにしましょう。対話のスキルは、ある程度努力して練習すれば習得できます。**まずは相手が考えたり夢みたりしたくなるような質問をしてみてはどうでしょうか**。わたしがよく使うのは**「もしも……なら、どうでしょうか？」**という質問です。聞き手の反応はすぐに表れるはずです。その人の目がふらふら上のほうに泳ぎ始めたら、好奇心を刺激されている証拠。

営業担当者を集めたミーティングで、次のように呼びかけてみるのも良い手です。「もしあなたが○○に関する営業のやり方を変えることになったら、どう思いますか？」。その後で新しいやり方を説明し、営業担当者らにその影響についての所見を話してもらうのです。

このようにチームのメンバーたちと会話をしながら、わたしたちは一緒に解決策を考える仲間なのですよ、というメッセージを届けることができます。

ただしすでに述べたように、その過程では、伝言ゲームの罠にはまらないようにするのを忘れないようにしてください。

ある伝聞の悲劇

伝言ゲームの弊害は、いくら強調してもし過ぎるということはありません。最近、あるCEOから、人を経由することによっていかにメッセージが変わってしまうかがわかる話を聞きました。

そのCEOが会社の幹部が集まるミーティングで発表したのは「われわれは配送とサービスの向上に集中的に取り組み、継続的改善を目指す情熱を大切にしながら、収益性と成長を維持し、……」といった長いメッセージだったそうです。それが休憩室のウォータークーラー付近に届く頃には、こんなメッセージになっていたといいます。

「われわれは利益を上げることに取り組みます」。

そのCEOは、幹部ミーティング後しばらくして、社外で開いた全社レベルのミーティングで、誰かにこう尋ねられたと話しました。「なぜ会社の方向性が変わって利益に集中することになったんでしょうか？」。

そのことがあってから彼は、誤解の余地をなくし、明瞭でわかりやすいメッセージにすることにしっかり時間をかけて取り組むようになったといいます。

ただしこれもすでに述べたように、たくさんのパワーポイントのスライドが人を鼓舞するわけではありません。**必要なのは、首尾一貫したメッセージを理解しやすいように細切れにすること。そして、点滴のように一定の頻度で少しずつ滴下して浸透させることです**。

言葉の力を使いこなそう

エイブラハム・リンカーンは〝詩人大統領〟として有名です。最も有名なスピーチは、わずか二七二語から成立しています。その最後のフレーズ「そして、人民の人民による人民のための政治を地上から決して絶滅させないために、我々はここで固く決意する」[11]は、民主主義を希求する最も明快な呼びかけとして今でも有名なものです。リンカーンはすべての国民の心を動かし、行動を変えました。しかもそれをたった一〇文で成し遂げたのです。

最初の一〇分を最大限に生かそう

平均的な大人の集中力の持続時間は一〇～一二分と言われています。これが聞き手の注意力を無条件に引きつけられる時間の限度ということです。最初の一〇分ですばやく相手を引きつけましょう。ジョン・F・ケネディ大統領のスピーチライター[12]は、良いスピーチの条件を非常にうまくまとめています。いわく、「**わかりやすく、短く、軽やかに、思いやりを持って！**」。

余韻を残そう

スピーチは、続きが気になるところでいつも終わるようにすると良いでしょう。一番重要なメッセージに言及しつつ、「それで次はどうなる？」と聞き手が思うところで終わる、ということです。「次はいつこの続きが始まるんだ？」と思わせることができれば、さらに上出来です。ほとんどの人は演説が終わったから拍手するのだ、という古いジョークがあります。できれば、もっと続きを聞きたくて拍手をしてもらいたいものです。

複数のリーダーシップを使いこなそう

傑出したリーダーは、「やる気を引き出すリーダーシップ」と「向上心を後押しするリーダーシップ」をしなやかに使いこなすことができます。また、人に夢を与え、高い目標に目を向けさせ、向上心を持たせるリーダーもいます。どちらかが優れているということではありません。複数のリーダーシップを持ち合わせ、時と場合に応じて使いこなすことが重要、ということです。

これは列をどう率いるか、という比喩によっても表現できます。**列の先頭に立ち、鼓舞することも必要ですし、列の後ろに回って最後尾をフォローすることも大切です**。ときには列の横に立ち、一人一人の表情に気を配ることも忘れてはなりません。

そのようなケースでは、個人的なエピソードを語ることも、効果的です。

本当につながれているか、確かめる質問

わたしはビジョンを説明した後、次のような質問をすることがあります。

「ではここで一息入れましょう。今日はわたしがたくさん話をしました。話を聞いてどう思いましたか？　何が印象に残っていますか？　今日のプレゼンから得られたものは何だったでしょう？」。

これらの質問に対する答えは実に参考になります。わたしが使ったあるフレーズやスライドのうち、どれが印象的だったか判明するからです。もちろん、思いもよらない受け止め方をされることもあります。いずれにせよ、会場でのリアルタイムのフィードバックは、次のプレゼンの前に再考して調整し、メッセージを改善できる貴重な機会なのです。

Excite（鼓舞する）の段階は、Ｅ５の成否を決める重要な鍵を握っています。しかし、もしリーダーがチームを奮い立たせて行動を起こそうと思わせることができなかったら、ビジョンは単なる夢で終わってしまいます。

次は、チームがビジョン実現に向けて奮い立ち、行動を起こす準備が整えば、何が

起こるかについて見ていきましょう！

自分は人前に出るのが苦手でカリスマ性も全然ない、だから社員のやる気スイッチをＯＮするなんて無理……なんて思ってへん？　大丈夫、コツさえつかめば誰でもできるんやで。最強のツカミ「もし○○やったらどう思います？」で始めて、最初の一〇分に全力でメッセージを伝えること。そうすれば全員あなたに釘付けや！

第6章

Enable

可能にする

リーダーとは、適切な道具を用意してやるメンターである

わたしが父から学んだたくさんの教訓の一つが、**正しい道具を使うことの重要性でした**。父の作業台にはさまざまな種類の工具が所狭しと並んでいました。ソケットレンチ、あらゆる大きさ・異なる直径のドリルの刃など。長年の試行錯誤の末、父は家まわりのことをこなすのに必要な道具を集めたのでしょう。あるとき、壁から釘を引き抜いてみなさいと父に言われたことがありました。そのとき父は「正しい道具を使うんだ。そのほうがずっと作業しやすいし、うまく仕上げられるからね」と教えてくれたものです。

このアドバイスは、次のように応用できます。つまり、**準備を整える段階におけるリーダーの役割は、自分が何かをするということではない。他の人が何かをするために必要なツールを用意することである、と**。ただし、多くのリーダーにとってこれはジレンマではないでしょうか。なぜなら、正直に言えば、自分のほうがうまく仕事を

こなせると心の底では思っているからです。だからこそ自分はリーダーになっているのでは？　仕事をこなし、変化をもたらし、影響力を及ぼす能力があると誰かが評価してくれたから、人を率いる立場にいるのでは？　と。

しかしまさにこれが、仕事ができる優秀な人がリーダーになると失敗する原因なのです。仕事をこなす人から、他の誰かが仕事をできるように支援する人になるには、大きな壁を越えねばなりません。

これまでにわたしが出会ったリーダーたちには、それぞれにリーダーとしての成長を助けてくれた人が少なくとも一人はいました。父母のおかげだという人も、以前の上司、先生、監督が支えてくれたという人もいました。その共通点は何か。それはメンターになってもらえる間柄ということです。メンターは、相手が新しいアイデアや難しい問題の解決策を見つけるのを手助けします。またメンターは相手が人生の分岐点でどうすればいいかわからなくなっているときに助言を与えたり、有言実行のロールモデルになったりもします。つまりメンターとは、相手が何かを実現するのを〝可能にする〟人なのです。

空手道場――日本におけるリーダーシップの原点

今にして思えば、一九九〇年にバックパッカーの若者として日本に渡ったことは、「可能にすること」について新たな考え方を発見する重要なきっかけでした。「はじめに」で書き切れなかったのですが、わたしはカナダにいた一〇代の頃、カンフー、空手、柔術などを学んでいました。いつかはアジアに行って〝本物の師匠〟に習いたいと思っていたため、全財産三〇〇ドルをポケットに突っ込んで旅立ったのです（その直後のできごとは、すでに書いた通り）。日本に着き、生活が少し落ち着くと、わたしはさっそく道場探しを始めました。とはいっても、学びたい武道の種類を決めていたわけではありませんでした。重要なのは、日本語を話せない若い外国人を快く受け入れて、伝統的な武術を修行する機会を与えてくれるかどうかでした。

結論から記すと、運よく当時住んでいた場所の近くで、そんな道場を見つけることができたのです。ある日家に向かって歩いていると、「イチ、ニ、サン！」に続く気合いの「ハ！」、という掛け声が聞こえてきました。間違いなくなじみのあるあの掛け声です。気づけばわたしは、手元の英和辞典を頼りに、扉を開けて中に入っていました。

以来、その道場はいろんな意味でもう一つの家になりました。数年間は週六日通って練習していましたし、道場の先生たちは、頼れる兄や姉のような存在でした。おかげで日本語（関西弁）を話せるようになり、日本文化も深く理解できました。わたしは一番下の級に戻って白帯からスタートし、床を掃除して先輩にお茶を入れ、空手修行のすべてをつぶさに見て学びました。道場長は師匠であるだけでなく、日本での父親のような存在になりました。無口で厳格な人でしたが、とても心の温かい人でした。

日本にいたときのリーダーシップについて、重要な学びのほとんどは道場で得たといえます。たとえば、部下に介入する際の頻度と深度です。師匠はめったに話しかけてこないのですが、いったん話しだすと、わたしがどんなところを直せば上達するかをしっかり教えてくれたものでした。**うまくできていることについてはまったく話題に上らなかったと記憶しています**。指導は〝どのように〟改善すれば良いかに集中しており、次の段に上がるために役立つ細かい技術を指摘されました。たとえば、受けのとき後ろ足にもう一〇％ほど多めに体重をかけたほうがよい、とか、拳を打つ前に腰を回して相手から三～五センチほど距離をとったほうがよい、とか。こうした細かいコツやヒントを正しく実践することで、わたしはより多く試合に勝てるようになっていったのでした。

いまでもわたしを支える、先生の金言

一九九四年、ある夏の蒸し暑い日の夕方のことはずっと忘れられないでしょう。それは、わたし自身のリーダーシップを確立してくれた貴重な体験です。

　当時わたしは、黒帯二段への昇段試験に向けて懸命に練習していました。試験には伝統的に決まっている「型」も含まれます。型とは、身体的技能と精神的技能を統合的に使い、決められた順で蹴り、突き、受けなどの動作を行う演武で、わたしはこれが苦手でした。一方、もう一つの試験要素である組手（二人で技を掛けあう練習形式）は好きだったし、得意でした。その日はとくに長時間練習していて、黒帯の昇段試験で披露する予定の蹴りと突きの型を練習していました。その昇段試験には特別な意味があったのです――もしわたしがその厳しい試験に合格したら、わたしはその道場で初めて二段黒帯に昇段する外国人空手家になるのでした。

　一―二―三の中段突きと左足上段蹴りの組み合わせを練習していると、先生がやってきてわたしのそばに立ち、腕組みをしていました。わたしは同じ技の組み合わせを

何度も繰り返し練習していました。四回目を終えたとき、先生はわたしに声をかけたのです。

「どっちの足が強いんや？」。

「右足です、先生」。

すると先生はきわめてわかりやすく指導してくださいました。

「弱いほうの足で練習するのをやめて、強いほうの足に集中するべきや。弱い足は一〇人目の組手まで持たへんで」。

強みを最大限に生かす、ということ

このとき、道場でわたしはあることを悟りました。長い間、学校に行っていた頃も、アイスホッケーをしていた頃も、空手の練習生になってからも、わたしは先生、監督、師匠たちから「弱点を強化しなさい」と教えられてきたのでした。たとえば高校生の頃、好きな科目は英語や文学、社会科学でした。一方で数学や化学は苦手だっただけでなく、興味もなかったのです。しかし、わたしの時間はほとんどこれらの苦手科目の補習や課題、宿題、試験勉強に費やされました。そうして苦手科目克服に注力した結果、皮肉にもわたしが本当に好きで得意だった科目の成績のほうが悪くなりました。**弱点に注力した場合のＲＯＥ（Return On Effort＝努力に対する見返り）は、強みを強化することに注力した場合に比べて小さい。何かに優れているからといって、それが好きであるとは限らないのです**。

わたしは先生のアドバイスに従って、右足を使って技をもう一度練習しなおし、自分の強みを生かした組み合わせに変えました。何度も繰り返して練習するうちに、体の動きはより鋭くなり、技のキレがよくなりました。だんだん自信がついてきて、準備万端で昇段試験の日を迎えたのでした。

昇段試験の結果は合格。その日、わたしはすべての組手対戦で勝利したのです。最後の試合は、道場で最も強い選手と戦い、ノックアウト勝ちでした。その試合で最終的に勝てたのが右足のおかげだったのは、言うまでもありません。

その二五年後、先生から得た学びは〝Ｅ５〟における重要なＥ――Enabler（可能にする人）を生み出したのです。

リーダーは、チームメンバーそれぞれの生まれながらの得意分野を生かし、それをさらに極めるよう支援する文化の醸成を重視するべきです。そうすれば、四番目のＥが動き始め、ビジョンを実行に移すことが可能になるのですから。

準備段階で障害にぶつかったら？

Enable（可能にする）とは、部下たちと一緒にアイデアやビジョンを現実へと変えていくことです。その役割は、次の重要な問いについて考えることともいえます。

・チームが目標を達成する道のりで発生する障害は何か？
・目標達成のための動きをもっとパワーアップするために、どんなツールや支援システムが必要だろうか？

「可能にする」段階では、有形無形のさまざまな支援を検討することが重要です。チームのための開発プログラムを用意すれば済むかもしれませんし、外部から特定の知識やスキルを導入することになるかもしれません。無形の支援には、リーダーの〝可能にする人〟としての振る舞いも含まれます。チームが間違ったり後退したりしたときにリーダーがどんな態度をとるか。その後再出発するために、チームをどのように導くかが大事となります。

五つのＥは順不同で実践してよい

これらの段階で、五つのＥが互いに関連していることがわかるはずです。重要なのは、五つがそれぞれ独立したステップであると同時に、関連し合っているのを知っておくこと。つまり、まず各Ｅのステップを一つずつ順番に理解し、実践したら、次は必ずしも順番通りに実践しなくてもよいということです。

ただし、ビジョンを描くことは、必ず最初にすべきです。それはすべての議論の土台になるのですから。ビジョンをしっかり描き、社員たちの心をつかんだら、あとの流れは自然についてきます。

ですから、まずＥ５のステップを順番に見ていき、重要事項をチェックしてください。そのあとで実行段階に移ることが重要です。ビジョン発表のため、会社のフロアに足を踏み入れる前に次のことを自問してください。

「**このビジョンを実行するために必要になるツールは何か？**」、「**わたしたちに欠けているツールは何か？**」。

変革は人材集めから始まる

「可能にする」とは、リーダーが与えるツールを使いこなせる、適切な人材を配置することでもあります。ビジョンを描くとき、最初の段階で、次の難しい問題について考えてみましょう。「わたしたちの組織には、この先の道のりに必要な人材が揃っているだろうか？」、「適切なスキルを持った適切な人材が揃っているだろうか？」。その後、各Eの段階において組織が行く道筋を考え、シミュレーションしましょう。必要なツールの長いリストができあがるはずです。Enable（可能にする）の段階では、手持ちのツールの棚卸を行い、何があって何がないのかを把握しましょう。

変革を起こすことは、適切な人材集めから始まります。残念ながら、多くのリーダーが準備不足の人や価値観が合わない人とともに変革を始めてしまいがちです。Enable（可能にする）の段階に至る前にこの問題に取り組まねばなりません。チームに必要なスキルを持った人材がいない場合は？　現在のチームのなかでそのスキルを持つ人を育てるか、外部からスキルや知識を持つ人を入れるかを選ばねばならないでしょう。

原則その一　必要なツールを把握せよ

Enable（可能にする）の段階が始まる前に、必要なツールについて考えておくこと。必要なツールについてEnvision（ビジョンを描く）の段階で計画を立て、チームが行動を起こす気持ちになる前に準備万端で使えるようにしておくこと。ツールをチームに提供したら、チームに道を譲り、リーダーは一歩下がりましょう。

原則その二　適切な人材を確保せよ

ツールを使いこなせる、適切な人材を確保すること。必要なスキルを持っていないチームメンバーは、ビジョン実現を妨げる可能性があります。その人をプロジェクトから外す勇気を持ちましょう。

あるＣＥＯと、難しい問題について話し合ったことがあります。彼は自社のＣＦＯのパフォーマンスについて問題を抱えていました。彼の会社は過去五年で急成長し、収益も規模も三倍近くになりました。その会社のＣＦＯは会社の規模が今よりずっと小さかった頃に入社して、その規模では良いパフォーマンスを発揮していました。かつ、そのＣＦＯは忠実な企業戦士でした。リーダーが決めたプロセスに従って仕事をきちんとこなすのが得意なタイプだったといいます。

わたしとＣＥＯは幹部リーダーチームの現状を棚卸した後、各リーダーに絶対に欠かせないスキルを三〜四個ずつリストアップしました。結論は明らかでした。そのＣＦＯは能力を最大限に発揮して、パフォーマンスを発揮し義務を果たしてきた……しかしながら、会社の発展と成長がそのＣＦＯのペースよりも速かったのです。したがって今が彼の引き際であり、次の仕事を見つけるときでした。ＣＥＯは、会社を次の未来に導く能力を持っている人を新しいＣＦＯとして迎えるべきなのです。

一匹狼タイプの社員をどう扱うか

チームにとって重要なのは、バラエティに富んだ人選です。活力のある組織には、保守的な人、大胆な人、控えめな人、積極的な人がいて、一匹狼も一人か二人は必要なものです。

一匹狼の潜在的能力を開花させるには、彼らの内部にある強い情熱を理解してやる必要があります。すなわち、影響力を持ちたいという欲求です。彼らはルール違反をしているとは思っておらず、成功をもたらす道を創造していると思っています。また、彼らには失敗から立ち直る速度が早い傾向にあります。それに、逆境にも強いのです。何より、一匹狼だからといってつねに会社や上司にたてつくわけでもありません。彼らは自分の目的の達成を邪魔するものと戦っているだけなのです。

一匹狼を導く四つの戦略

一、「なぜ」そのビジョンを目指すのか、クリアに説明すること。
二、何もアイデアがないよりはマシだと考えて、彼らが独立して革新的な考えを練るためのスペースを与えること。
三、健全な対立のための安全ゾーンを設けること。
四、彼らが失敗したあとすぐに次のことに手を出すのを許すこと。一匹狼たちの最大の強みは、その回復力と不確実な状況でも進んでリスクを取りたがる性分である。

多様性を確保せよ

多様性がチームを強くすることは、科学的にも実証されています。組織には狩人と農夫、慎重な人と考える前に飛び込む人、そして数人の一匹狼が必要なのです。積極的に前に出る人だけでなく、内向的な熟考タイプや保守的な人も必要です。適切な人材と適切なツールを集められたら、行動に移る準備は完了です。しかし行動が確実な実行につながるようにするためには、まだ不十分。チームが実際に大きな目的を目指し、正しい方向に進むようにする仕組みを考え出さねばならないのですから。

この仕組みとして、わたしが実際に何年も実践していることが二つあります。一つはわたしが脈をはかる（脈診＝パルス・チェック）と呼んでいる現状確認です。**これは、組織の人に触れて動きを確かめることです**。

チームは正しい方向に向かっているか？　モチベーションを失っていないか？　自信を持って仕事をしているか？　チームの推進力は増しているか、それとも減速しているか？

そういったことを早い段階で把握すれば、チームに発破をかけたり、方向性を修正するために介入したりすることができます。新しい取り組みやプロジェクトの初期段階では、鍵を握るリーダーたちに対し週に一度、脈診を行っています。具体的には、毎週月曜日に一五〜二〇分程度の短いミーティングで、次のような質問をしています。

・先週の進捗はどうだったか？
・先週あまりうまくいかなかった原因は何か（うまくいかなかった場合のみ）？
・今週の目標は何か？
・その実現のためにどんな支援が必要か？
・チームの様子はどうか？

だいたいの場合、最も状態がよくわかるのは最後の質問です。もしそうしたければ、最初に聞いてもよいでしょう。二〜三週間ほど脈診を続ければ、何らかのパターンが見えてくるはずです。脈診で確認するのは、全体としてチームが正しい方向に向かっているかどうか、そしてリーダーはチームの行動を一貫した姿勢で導いているかどうか。これによって強い信頼関係を築くことができます。

もう一つ、わたしが重視しているのは、コンパス・ミーティングです。これも、チームを正しい方向に導き続けるために効果的なツールです。参加者は、リーダーとその直属の部下、および主な業務支援部署の担当者（人事、財務、ＩＴなど）です。経営会議とは少し違う、という点に留意してください。**コンパス・ミーティングは、チームを壮大な目的へ導く「北極星（もっとも基本的なビジョン）」および全体的指針の振り返りから始まります**。その後、社員たちの様子について話し合います。コンパス・ミーティングは数字や指標からスタートするべきではありません。この会議の目的は、チームが正しい方向に向かっているだけでなく、適切なペースで進んでいるのを確認することだからです。また、動きが鈍化する原因になる障害について、組織の内外で危険信号が出ていないかも確認しましょう。チームの状態や周囲の状況により、コンパス会議は週に一度、または月に一度行うとベターです。立ち上げたばかりのチームや進捗が遅いチームについては、週に一度のペースで行うようにしてください。

コンパス会議には必ずあなたも出席すること

わたしから一つアドバイスがあります。本当に世の中を変えるリーダーになりたいなら、**脈診とコンパス・ミーティングを人任せにせず、その場にいること。とくに初期段階では必ず参加しましょう**。

これは単純なことに思えるかもしれませんが、決定的に重要なことです。一〇キロメートル上空から現場を知ることはできません。これは、第一章で紹介したダン・ケイブルが「枠内での自由」と呼んでいるものに似ています。

チームとともに過ごすことによって、彼らの様子を観察し、発破をかけたり、刺激を与えたりすることができます。それにより彼らの〝探求脳〟を活性化できる点も、すでに確認しました。すると部下の自主性が育まれ、問題解決能力が伸びていきます。彼らが行動とそれにともなう結果によってあなたの信頼を得たら、次は自由に行動できる枠を広げていきます。そうすると好循環が始まります。どんどん枠を広げていくことによってチームの成長を促しましょう。

「その場にいる」とは、目の前のことに意識をすべて集中するということを意味します。「可能にする人」としてのリーダーは、他のことに一切気を取られません。あなたの注意は一〇〇％チームに向けられます。そのような態度が、チームを悪い方向に導くはずがありません。

万能なリーダーはもういらない

こうして、優れた実績を出すチームができあがります。チームは自発的かつ自律的に活動します。**言い換えれば、何でも知っていて、何でもできて、すべての答えを持っている万能なリーダーの時代は終わったということです**。ネットで何でも知ることができるこの時代に、賢者としてのリーダーはもはや必要とされません。**今日人々が求めているのは、進むべき方向を明確に示し、人をやる気にさせ、成功への道のりで何かを達成できるようにしてくれるリーダーなのです**。

あなたは、チームが前進する障害を明らかにして、それを取り除く支援をする人です。あるいは、チームを加速する燃料をときどき補給する、ターボチャージャーです。ただし、リーダーはチームに奉仕するためだけにその場にいるのではない、ということも忘れないでください。そうではなく、その場で完全にチームのことに集中して、彼らと肩を並べてともにビジョン実現のために働くのです。

テクノロジーの奴隷になってはいけない

テクノロジーの導入によってビジョンが実現できることもあるし、逆にそれがビジョン実現の妨げになることもあります。誰でもそういう経験があるはずです。たとえばＣＲＭ（顧客管理）システム。これに出合ったとき、あなたのビジネスが劇的に変わるに違いないと思ったのでは？　しかし、実際それで顧客とよりよくコミュニケーションが取れるようになったでしょうか？　あなたのチームがより効率的に市場にアプローチしたり、広告宣伝活動をできるようになったでしょうか？　ツールはうまく使いこなせる人がいてこそ効果を発揮します。新しいツールを導入するなら、それを使う側も変わらねばなりません。さもなくば、以前より悪くなる可能性すらあります。

世の中を変えるリーダーシップは、行動から始まります。テクノロジーはあくまでツールボックスのなかのたくさんの役に立つツールの一つにすぎません。**そしてテクノロジーの有用性は使う人によって左右されます。したがって、それを使える人材を確保する必要があるのです。**

現状にばかり適合しすぎてはいけない

作家で未来主義者のリック・ベラは、著書『Managers The Day After Tomorrow（未来の世界におけるマネージャー）』[13]において、こう書いています。現状に集中しすぎたせいで競争に負けてしまった会社や業界が多々ある、と。彼らは現状に適合したツールを持っていましたが、そのツールはすぐに時代遅れになってしまいました。一方、他の会社や業界では、未来のために開発されたツールを早い段階で導入しました。そしてそれを利用して動きを加速させ、未来を見据えた戦略を実行していました。勝ち残った組織は、明日よりもっと先の未来に備えていたのです。

わたしたちはＤＡＴ（明日よりもっと先の未来）というテーマで、この考えをリーダーたちに紹介しました。すべての部署のリーダーたちが集まって、年に一度開かれる戦略についての社外研修が行われたのですが、いつもの流れであれば、ＣＥＯが開会の基調スピーチをして、ＣＦＯが財務報告を行います。しかしこの時は違いました。その日のスライドはまず、時代に取り残された会社のロゴマークから始まったのです。いくつもの会社ロゴのスライドが流れた後、次の問いが太字で大きく映し出されました。

チームがもっと先の未来に備えるために、あなたは今、何をしていますか？

会場がシーンと静まりかえりました。残念なことに、それがリーダーたちの答えだったのです。わたしたちリーダーは未来について、来月、次の四半期、残りの事業年度ぐらいのスパンで考えていたはずでした。しかし、高い木に登って遠い先の景色を見ようとしていなかったし、先回りしてチームの将来に備えてもいなかったのです。それだけに、次の行動は迅速でした。二日間のセッションを終えるまでに、集まったリーダー全員がＤＡＴプランを作成したのです。そして各々がチームメンバーを集め、ＤＡＴプランを詳しく説明してよく理解してもらいました。かつ、プランを実行するために何をするのかを決めると約束して解散しました。わたしの場合、これによってＥ５が発動したのです。

その一二カ月後、わたしたちはこれまでで最高の新たな節目を迎えました。組織の隅々までＤＡＴという言葉が浸透して日常的に使われ、幹部のミーティングの議論でも、休憩スペースのウォータークーラーでの雑談でも聞かれるようになりました。ある意味では、ＤＡＴプランというコンセプトを導入したことにより、わたしたちはビジョン実現に向けてチームをさらに活性化させたのです。

リーダーとしての自分の弱みから目をそらさない

Ｅ５モデルに従って自分自身について振り返ると、あることが明らかになりました。それは、五つのＥのうち、Enable（可能にする）がわたしの弱みであるということ。チームがもっと前に進めるよう、準備を整えられる良い方法を見つけること。このＥに最も苦労してきたのです。実際、自分の弱みに気づいてよく考えた結果、脈診とコンパス・ミーティングというツールを思いついたのでした。

しかし、すべてのＥを完璧にマスターできる人はいないでしょう。リーダーとしてのわたしたちにもそれぞれ個性があるはずです。**自分に正直になって、ぜひ5つのEについて強みと弱みを把握してください**。そして自分にどんなサポートが必要かを考えてください。場合によっては、周囲に自分の活力を高めてくれる人材を配置することを検討してもいいと思います。

自分を知り、助けを求めよう

すでに述べたように、わたしにはEnable（可能にする）の段階に助けが必要でした。だから助けを求めるようにしました。通常の組織において、それはＣＦＯやＩＴ事業部長や人事部長などでしょう。わたしは業務部門に精通しているこれらのリーダーたち全員と緊密な連携をとって、彼らからアドバイスと支援をもらうようにしています。これはとても有効な方法ですが、正直に言えば、肩身が狭くもあります。**しかし、リーダーの人間らしい側面を見ることによって、チームはリーダーをしっかり支援していこうという気持ちにもなるのです。**

さて、説得力のあるビジョンを発表して、チームを鼓舞することに成功したとしましょう。現状の棚卸を終えて、ビジョン実現に向けて必要なツール、予見される障害、動きを加速する方法がわかっている。しばらくすると、与えられたツールを活用して順調に仕事を進めているチームメンバーと、そうでないメンバーがいることに気づくかもしれません。最悪なのは、ほとんど進捗すらない人がいる場合です。どちらの場合も、世の中を変えるリーダーなら放置せず、行動に出るはずです。ペースが遅いチームメンバーの行動からチェックしましょう。次のチェックリストが役立つはずです。

・ビジョンや大きな目的、基本的な方針をしっかり理解しているか？
・必要なツールが揃っていて、その使い方がわかっているか？
・同僚や上司から十分に支援してもらっているか？
・ビジョン実現のために熱心に仕事に取り組んでいる様子か？

もしこれらの質問の答えがすべてイエスであれば、その人の能力の問題です。リーダーはこの人を別のポジションに異動させる必要があるでしょう。一方、メンバーの行動に「問題がある」ケースも、あるにはあります。たとえば、「市場の動きはわからないものです」とか「それはＩＴチームのミスですよね」とか「人事部がさっさと人を雇ってくれないからですよ」などと言っている場合です。

結論は簡単。この人はやる気がなく、ビジョン実現のために必要な仕事に熱心でない。その人を外す決断をしましょう。妨げになる人をチームから外すことによって、ビジョンから手を引くという選択肢はない、というメッセージを発信したことにもなります。**このように、譲れない一線を示すことも非常に大切です。**

ビジョン実現のためのツール・マスターになるべし

最後は時間がない人のために、わたしが本章で伝えたいことを端的にまとめます。壁にぶつかったときに読み返してみてください。

・ツールボックスにツールを集めよう

仕事をきちんとこなしてほしいなら、チームに正しいツールが確実に揃っているようにするべきだ。何が必要かわからない？　チームに聞けばいい。

・障害を明らかにして取り除こう

現場に関与するとは、チームが活躍できるように準備を整えることだ。チームが加速する妨げとなる壁をぶち壊そう。

・節目となる業績の達成をチームで祝おう

ビジョンの達成は短距離走ではなく、マラソンだ。重要な節目にたどり着いたら、チームとともにその達成を喜び、祝福しよう。節目となる重要な成果を上げたことに、誇りと自信を持とう。

・オープンな議論を後押ししよう

健全で活発な議論を交わす文化を育てよう。上司にやれといわれたから仕方なくあなたのビジョンのために働いていています、という受け身のメンバーが集まったチームなど、いらないのだ。チームにいったん立ち止まる機会を与え、〝何のために〟〝なぜ〟その仕事をするのかを考え、議論するのを奨励しよう。

・皆は一人のために、一人は皆のために

チームとともに過ごす時間を取り、チームメンバー一人ひとりと話そう。一対一の非公式のおしゃべりを大切にして、会話を楽しもう。あなたがチームの一人一人をバックアップしていると伝えるのだ。

・協力のための対立を促そう

健全な対立を奨励しよう。あえて異論を述べ、〝なぜ〟をチームに問いかけ、チームメンバーにもそうするように促すのだ。

・指示ではなく指導をしよう

質問したり、様子をみたり、話を聞いたり、〝なるほど！〟とわかる瞬間を引き出すスキルを使って、チームを目的達成に向かって加速する流れに導こう。はい・いいえで答えられる質問はしないほうがよい。チームメンバー同士で「もし……ならどうか？」「なぜ……なのだろう？」「……をどう思うか？」などのオープンクエスチョンをし合うように促そう。

・後ろに下がろう

熱意のあるチームのエネルギーを吸い取る最も効果的な方法は、チームの仕事を細かくきっちり管理することだ。チームが重要な節目となる成果を達成したら、先頭で引っ張るのをやめてチームの傍らに控え、ガイド役になろう。

・ドアはいつも開けておこう

チームの先頭に立つのをやめても、いつでもあなたに相談したり支援を求めたりすることができると伝えよう。

さあ、ビジョンを描き、組織を鼓舞するリーダーから、準備を整えるリーダーに変わりましょう。

ダイバーシティが組織を強くするんやで。個性的なメンツを揃えること。リーダーの仕事は、メンバー全員が強みを発揮できる環境を整えることや。そしたら、未来に何が起きても、誰かが力を発揮して生き残れる組織になれるで。

第7章

Execute

実行する

すべてが一つにつながり、待ち望んだ瞬間がやってくる

インド宇宙研究機関の月面探査計画の挑戦は、Ｅ５に関しても大切なことを教えてくれます。「チャンドラヤーン二号」と名付けられたそのミッションは、インド全体に夢を与え、国民を鼓舞する大胆なビジョンでした。その画期的な瞬間、インド中の人々がテレビに釘付けになっていたといいます。もちろん結果がどうであれ、日々の生活にほぼ影響などしません。にもかかわらず、誰もがインドの科学技術開発の成果に熱狂し、夜遅くまで起きて吉報を待っていたのです。そのプロジェクトの計画と管理は、申し分なく適任な科学者とプログラムマネージャーが担当しました。加えて、プロジェクト実行のために適切なツールとテクノロジーも揃っていました。

プロジェクトは計画通りに進行し、月面着陸のわずか数分前までミッションは完璧かつ正確に実行されていました。しかし、月面まであと数メートルのところで、突然何の前触れもなく、バンガロールの制御局は着陸機と連絡がとれなくなったのでし

た。国中が驚きに包まれ、人がぎゅうぎゅうに詰まった制御局の映像を見ています。たくさんの科学者とエンジニアが、成功の瞬間を見ようと駆けつけてお祝いムードに包まれていたのに、一変して静まりかえってしまいました。驚きとショック、そして次に何が起こるか想像して悲壮な空気が流れました。

確かに月面着陸ミッションは失敗しました。しかしリーダーシップの観点から、このストーリーには興味深い続きがあります。インド首相モディは失敗にショックを受けているインド宇宙研究機関の所長シヴァンをハグしてなぐさめ、その心に寄り添うコメントを発表したのです。これこそ、ビジョン実現に取り組むチームを支えるリーダーシップのあるべき姿を示しているといえます。

成功を最終的な結果だけで判断すれば、このミッションは成功とは言えません。しかし、このミッションはそこにたどり着くまでの道のりで、画期的な節目となる成果をいくつか達成してきたのです。なかには〝史上初〟や〝史上最高〟の業績すらあります。目的を完全には達成できなかったとしても、単なる部分的な成功にとどまらない結果を残したのです。実際、ミッションは九八％成功したと公表されています。これらの成功は大胆なビジョンを実現するための重要な進歩です。こうした場合におけるリーダーの役割は、チームが状況を把握し、ビジョン実現に向けて再出発できるように支援することです。

日本のカイゼン（改善）とインドのジュガール

一九九〇年代のこと。カイゼン（改善）という日本語が、製造業の技術者やプロジェクト管理者たちの間で新しい語彙として認識されはじめました。改善は日本人の心に深く根差している考え方でしょう。**一連のプロセスを注意深く分析することにより、結果につながるプロセスを細かいステップに分解し、すべてのステップにおいてより良いやり方を見つける、あの方法のことです**。改善はまず問題の根本的な原因を明らかにすることから始まり、「なぜ」を五回問います。一般にこのプロセスには、日本における他の多くの物事と同様に、チームで取り組むと効果的です。皆で障害を明らかにしてそれについて検討し、「どうやって」もっと状況を良くするかを議論し、合意に至ったら行動計画を立てる。本質的に改善とは昨日より良くするための終わりのない探求です。

一方、**インドで生まれたジュガールという概念が、近年グローバルリーダーたちの間で新しい語彙として認識されはじめていることはご存じでしょうか**。ジュガールとはインド人の精神の根幹をなす概念で、定義するのが難しい言葉です。あえて定義するとしたら、創意工夫や創造力というか、**手に入る限られたもので何とかやっていく方法を見つけること、といったら良いかもしれません**。たとえば、冷蔵庫のありあわせのものなど、手元にある材料をフル活用して、レシピに頼らず手の込んだ料理を作るようなイメージです。ジュガールの精神は、インドの隅々まで浸透しています。実際、それぞれが信じられないほどクリエイティブな急場の工夫をこらし、目的を達成するのです。実際にわたしが見たのはこんな光景です。インド人の友人たちと過ごしているとき、どうしてもお湯を沸かす必要が出てきました。でもストーブの燃料は切れています。すると友人たちがアイロンを使おうと言いだします。見ていると、アイロンの電源を入れ、熱を最強に設定し、アイロンのかけ面を上に向けて、慎重にバランスをとりながらアイロンを二つのスニーカーの間に置くではありませんか。そして鉄製のやかんに水を入れ、熱くなったアイロンかけ面の上に置きました。三分後、わたしたちは温かいチャイの注がれたカップを手に持っていたのでした。目の前で実証されたジュガールの力を称えてハイタッチしながら。

　これらの優れた概念を、リーダーシップに生かさない手はありません。**ビジョンを実行する段階では、カイゼンとジュガールを組み合わせる必要があるのです**。ビジョンを実現する道のりでは、プロセスと節目となる目標を明らかにすることが重要です。一方でビジョンを実行するときは、創造力、そしてときには新しい試みをしてみようという感性が必要です。いま手元にあるリソースを活用して、目標を達成することを考えてみましょう。飽くなき改善の探求と、ジュガールの創造的精神の融合は、最強の組み合わせなのです。

一人は皆のために、皆は一人のために

E5の各ステップは互いに依存しています。全部のEが一つになって作りだす相乗効果が、Execute（実行する）の段階で勝利の方程式として帰結します。

Execute（実行する）とは、構想、分析、計画、伝達、行動のすべてがつながって本格的に動きはじめる段階のことです。そしてここが正念場です。

前章でEnable（可能にする）について詳しく述べ、なぜそれが本格的に動き出すために決定的に重要なのかを説明しました。あなたはかなりの情熱と労力をそそいで説得力のあるビジョンを描いたでしょう。次にビジョンをどう表現するかよく考え、言葉の選定に注意を払い、オムニチャンネル方式で組織に伝えたはずです。それによっ

て、チームの士気がだんだん盛り上がってきたのではないでしょうか。Ｅ５は一連のステップであり、目的達成への道のりです。そしてExecute（実行する）は、Ｅ５全体の重要なパーツの一つなのです。

実を言うと、Envision（ビジョンを描く）の段階ですでにExecute（実行する）の段階は始まっています。というか、ビジョンを描きはじめる最初の段階から、実行段階を想定しておかねばなりません。リーダーはビジョン実現後の世界をリアルに想像しておく必要があるからです。ですから、リーダーは次の二つを同時進行で進める必要があります。

一つはイメージすること。リーダーは、チームがビジョンを具体的に想像する手助けをするべきです。頭のなかにビジョン実現後の世界を描けるでしょうか？　次の質問を問いかけましょう。「もし……だったら世の中はどうなるだろうか？」、「いつわたしたちは……するのか？」。

もう一つは現状を明確に理解すること。チームの探求心を刺激すれば、論理的思考と創造性を組み合わせ、協力し合うことができます。そのうちにチームは野心的な目標を定めます。次にそれを狙う情熱が生まれます。最後には、絶対に達成できると確信するようになるでしょう。そうして仕事が始まるのです。リーダーがこの二つをきちんとやり遂げられれば、ビジョン実行への強力な引き金となります。

「もし……ならどうか？」は魔法の言葉

「もし……ならどうか？」という質問は、わたしが自分のチームと対話するとき、非常に重要な役割を果たします。早朝に長い散歩に出かけ、未来について考えたり、社運を賭けた大胆な目標（BHAG）をつくったりするときも、そうでした。「もし……ならどうか？」。

わたしがこれまで出会ったり、研究したりしてきた世の中を変えるリーダーたちには、次のような共通点があります。彼らは定期的に自分自身に対し「なぜそうするのか？」、「もし……ならどうか？」と問うのです。そしてその大胆な野望の影響力の大きさを想像して、やってやろうと奮い立つ点も同じでした。

「三〇％クラブ」をご存じでしょうか。これはイギリスで二〇一〇年に結成された、女性役員比率を三〇％まで引き上げるという大胆なビジョンを掲げるグループです。会社は、役員やそれ以上の役職に柔軟な思考力のある人材を集める必要があります。男女比率が同等に近づけば、そのためにずっと良い結果をもたらす——これこそ、このクラブが世の中の会社組織に提示した説得力のあるビジョンです。その背景には、FTSE（フィナンシャルタイムズ株価指数）一〇〇銘柄に入る会社の女性役員比率がわずか一二・五％であるという事実があったのでしょう。もちろん三〇％は野心的な目標です。しかし実行可能な数字です。だから取締役会長たち（ほとんどが男性）は三〇％達成を目指して熱心に取り組みました。

そんな三〇％クラブは、実行を目指すビジョンをどのようにして決めたのでしょうか。まず参加組織を増やすため、三〇％という数値を自発的に目指すべき割合としました。かつ、それを法律などで強制しないことにしたのでした。財務状況や経営の持続可能性、経済社会の発展についてよく検討し、分析して、変化を目指す理由を明らかにして進めるべきだからです。

次に測定可能な目標を定め、実現までの明確なスケジュールを立てました。さらに三〇％クラブは、現状維持を望む社会的な風潮にてこ入れもしました。社会の各方面の人々からインフルエンサーを選んで参加を呼びかけ、誰とでも喜んで協力する姿勢をアピールしたのです。そうして影響力を飛躍的に高めていきました。

今日では、世界各地に広がった一四の支部が二〇二〇年の目標に向かって、絶え間なく精力的に活動しています。[14] 目標達成に必要なツール——投資家グループ、メンター、未来の役員会の構想、ビジネススクールやリーダーシップ講座——は、すでに揃っているのです。

他国でも同じような取り組みが始まっています。日本では〝ウィメノミクス（女性がつくり出す経済）[15]〟という構想のもと、二〇一五年までに女性管理職を増やす目標が定められました。もっともこちらは計画の実行がうまくいかず、目標が見直されているところです。それでも二〇一九年、日本政府はTOPIX一〇〇の大手企業と歩調を合わせ、イギリスの取り組みへの参加を決めています。

手順書ではなく良識に準じよう

組織で複雑な問題に対処する際、ＳＯＰ（標準作業手順書）を使ったことがあるでしょうか。これこそ、好奇心や探求心をしぼませる最も効果的な方法です。しかし残念ながら、多くの組織は作業プロセスの標準化に向かっているようです。つまり、何かにつけて人間的要素を少しずつ取り除いています。しかしこれは結局、組織をイノベーションや変革から遠ざけるのではないでしょうか。現実をよく知るリーダーは、絶対にこのような間違いを犯さないようにしています。**彼らは「どんな時も良識が一番大**

事だ」、「答えはここにある」と伝え、考えることを促します。もちろん標準作業手順書は、規模の大きい組織では必要かもしれません。しかし、それであらゆる問題に対処できるわけではない。迷ったら良識に従うべきです。

テクノロジーと作業プロセスだけで世の中を変えることはできません。世の中を変えるのは人なのです。テクノロジーと作業プロセスは、ビジョン実現に役立つツールにすぎないことを忘れないでほしいと思います。わたしの会社では、「どうやって」ビジョンを実現するかを考える過程で壁にぶち当たったら、「**迷ったら良識に従え**」という言葉が先を照らす基本的方針となっています。

現在進行形のビジョンと、未来のビジョンを両立させる方法

実行段階において、リーダーはそれまで以上に現場に関わる必要があります。実行開始に向けての土台作りはできているはずです。あなたは、これまでの段階において、公園の長い散歩でビジョンを構想し、練り上げ、効果的に伝達し、社員たちを奮い立たせてきました。これまでのすべてを経て、いま実行のフェーズに入っているのです。適材適所の人材配置を行い、必要なツールを集めてきたことでしょう。今こそ

腕まくりしてチームと一緒に行動するときです。

しかしそのことがチームにプレッシャーを与えるのも事実かもしれません。だからチームに「枠内での自由」を与えましょう。自分たちの判断で動いて、試したり、失敗したりする余地を与えてやる、ということです。

枠内の自由を与えよう

枠内の自由とは、メンバーの裁量で何かをやってみる自由です。この対極にあるのが、細かいところまで管理するマイクロマネジメントでしょう。誰もが経験から知っているように、細かいところまで全部管理されるのが好きな人間などいません。実際、**退職理由の多くを占めるのが、仕事に裁量が与えられないこと、あるいは裁量の範囲が狭すぎることです**。

リーダーが現場に関わって一緒に働いていれば、おのずとその場で頻繁にフィードバックすることになります。タイミングの良いフィードバックはとても重要です。準備を整える段階から実行段階に入ったら、次のような質問をしてみましょう。「Xを達成する道のりにおいて障害になっているのは何か?」、「あなたを支援するために、そしてチームにもっと勢いをつけるために、わたしはリーダーとして何ができるか？」。

現場に関わってチームと一緒に働くことと、チームにある程度裁量を与えて仕事を任せることのバランスについては、つねに考えましょう。

実行段階に勢いがついたら、リーダーは加速を促す人になるべきです。ここでチームの邪魔をする存在になってはいけません。しかし、これが実は難しい。思ったより進捗が遅いだけで、どうしても気になって、些末なことに注力する罠にはまるのです。たしかに、悪魔は細部に宿ると言われます。しかし、変革の歯車が回転しはじめてから些細なことに気を取られすぎると、事業全体に支障をきたしかねません。最終的にリーダーは、仕事に優先順位をつけてバランスをとるという課題に直面するのです。毎日一日も欠かさずに「この問題は岩か、小石か？」と自問しましょう。リーダーは岩に集中し、小石はチームに任せるべきなのです。

「どんなこともいつかは終わる」。心にマントラを持とう

歴史を振りかえると、過去に生きたリーダーたちは、その経験からさまざまな知識

や教訓を残しており、成句やことわざ、決まり文句になっています。彼らの心にはいつも座右の銘とする「マントラ」があります。自分のためにマントラを考えて、いつでも思い出せるように懐に忍ばせておきましょう。とくにストレスフルな厳しい状況に追いこまれたときに、それが効果を発揮するのです。

わたしの父はいくつかマントラを持っていて、なかにはわたし自身のマントラになったものもあります。せっかくなので、今日に至るまでピンチのときにわたしを奮い立たせてくれるマントラを紹介しましょう。それは、

「**どんなこともいつかは終わる**」です。

いつも父は大きくため息をつきながらそう言って、コーヒーポットとクッキー缶に手を伸ばすのでした。現在のわたしも、しばしばまったく同じことをやってしまいます。一杯のコーヒーとチョコチップ・クッキーやビスコッティさえあれば、どんなこともいつかは終わる、と。

「君たちとともに一日でも長く戦いたい」

野球ファンなら、二〇一二年のメジャーリーグは忘れられないでしょう。ディビ

ジョンシリーズの最初の二試合に負けて、次の試合に負けたら敗退決定。これが二〇一二年一〇月、シンシナティ・レッズと戦うサンフランシスコ・ジャイアンツの状況でした。最初の二戦は本拠地だったにもかかわらず、士気がまったく上がらず、第二試合に至っては九対〇で敗戦。第三試合は敵の本拠地シンシナティで行われる、という状況でした。

そんな第三試合の直前のこと。ジャイアンツに入ったばかりのある選手が、チームに発破をかけてやろうと決意したのです。野手のハンター・ペンスです。彼は口数が少なく、おとなしい印象の人物でした。ですがその日、彼は突然ロッカールームでチームに呼びかけました。そして、このシリーズで優勝するというビジョンをもう一度描いてみせて、チームワークやサポーターについて熱く語り、どれだけ強く「君たちとともに一日でも長く戦いたい」と思っているかを訴えたのでした。ロッカールームの選手たちは静まりかえって彼の話を聞いたといいます。

ハンターはそのとき誰もが思っていたことを言いました。選手たちはいい時も悪い時もともに過ごしてきたこと。過酷なシーズン中、敗北や負傷にめげず何度も歯を食いしばって立ち上がってきたこと。なのに、あと一試合負けたら脱落する絶体絶命の危機に瀕していること。

同僚が本気で語った言葉に心を動かされ、チームの闘志は燃え上がりました。この日ジャイアンツは〝再結集〟し、ビジョンの通り目的を実現することを誓いました。次に何が起きたかは想像の通り。ジャイアンツはそのあとの三試合に全勝し、最終的に二〇一二年ワールドシリーズで優勝したのです。ハンター・ペンスはチームメートから新しい呼び名をもらいました。同僚たちは愛情をこめて彼を〝牧師〟と呼んだのです。

リーダーが前向きでいることがいかに重要かは、どんなに強調しても足りないほどです。とくに荒波のなかを行く船のかじ取りをするのは怖いし、緊張の連続でしょう。しかしそのときこそ、腰を据えて変革に取り組むときだと世の中を変えるリーダーは知っています。うまくいっているとき、チームはリーダーを頼って支援や激励を求めたりはしません。リーダーに先を導いてほしいとも思いません。辛く苦しいときこそ、すべての目がリーダーの一挙手一投足に注がれるのです。それでも、基本的には楽観的に構えることを忘れてほしくないとも言いたいのです。というのも、これまで出会ってきた革新的なリーダーについて考えてみると、彼らは生まれつき楽観的だったからです。**彼らはどこに行っても前向きな姿勢を貫き、話を盛ったりしませんでした**。うまくいかないときや、仕事が期待通りのペースで進まなかったり、思い通りの方向に進まなかったりするときは、彼らも現状に不満を抱くでしょう。しかしその不満を前進するエネルギーに変えて、変革に向かって行動するべきなのです。

正念場におけるリーダーの思考

素晴らしいビジョンを共有し、士気を高めた。なのに三日経っても、三週間過ぎても、三カ月後になっても、まったく進まない……そのようなことはしばしばあります。そして、そこが正念場なのです。リーダーの直感がどのようにExecute（実行する）の段階に影響を与えるのか、考えてみましょう。

Enable（可能にする）からExecute（実行する）に移るとき、リーダーはファシリテーターになる必要があります。すなわち、チームが責任の一端を担い、自律的に仕事に取り組むよう促すこと。そして決断を下し、失敗から学び、前進する機会を与えるということです。しかしチームが必要とするときは、近くにいる必要があります。Execute（実行する）のプロセスでは、状況に応じてリーダーが違う役割にシフトすることがとても重要なのです。

チームが自分たちで答えを見つけ、自分たちの力で前に進めるように後押ししま

しょう。指示したり導いたりしないで、チームがExecute（実行する）段階の迷路のような道を進むのを支えたり励ましたりしましょう。チームがスキルを開発し、技術を磨けるようにすれば、自信をもって、自発的かつ機敏に動けるチームになります。

　ただしここで再三、注意しなければならないことがあります。それは、「チームに伝え続ける」ことです。たしかにほとんどのチームが、リーダーの描いたビジョンに向かって強い確信をもって順調に仕事に取り組み始めます。しかしリーダーがメッセージを繰りかえし伝え続けなければ、どうなるでしょう。全力疾走はやがてジョギングになり、徐々にのんびりしたお散歩状態になるものなのです。そもそもチームがここまでたどり着けたのは、壮大な目的とリーダーが描いた説得力のあるビジョンがあったからだということを忘れてはなりません。何度も、何度も形を変えて、ビジョンを伝え続けましょう。

チームを鼓舞し続けよう

　したがってリーダーの大きな課題の一つは、チームが前進する力を与えつづけることです。つねに前に進み、チームにサポートを約束すると同時に、もっとやれるぞと挑発しなければなりません。後押しするか、それともブレーキをかけるか、そしてハイタッチで盛り上げるか、それとも批判的なことを率直に伝えるか、絶妙なバランスをとる必要があります。友人のように接することも大事ですが、必要なときは理性にしたがって忠告しなければならないのです。

ときには怒りを表現すべき事態も起こるかもしれません。**ただし、絶対に注意しなければならないのは、メンバー全員の前で特定の個人に怒りをぶつけてはならない、ということです**。また、人に怒るのではなく、その人のビジョンの不徹底さを指摘すべきです。**「あなたは間違っている」ではなく「あなたのビジョンには納得できない」と言うべきなのです**。

Execute（実行する）の段階で、チームのやる気に火をつけたり、メンバーを奮い立たせたりする方法はたくさんあります。功績を認めたり、節目となる目標の達成を祝福したり、優秀な業績をあげた社員を表彰して報酬を与えたりすることが考えられるでしょう。そしてチームが前進するにつれて、その存在感を高め、注目を集めるようにすることも有効です。わたしがインドにいたときは、チームが小さな目標を達成するたびにたくさんのケーキを買ってパーティーを開いたものでした。

実行と学びを両立しよう

Execute（実行する）の段階は、またとない学びの機会として活用するべきです。とりわけ参考になるのが、世界中に存在する海軍航空隊です。彼らは筋金入りの学習する組織であり、優れた実行能力を備えています。海軍航空隊はすべてに関して――あらゆる試み、訓練、成功、失敗――フィードバックを収集するために、実に行き届いたシステムを有しています。なぜこれほどまでに緻密なシステムを必要としたのでしょう。それは、失敗と死が常に隣り合わせであるからです。幸い、わたしたちのチームはそうではありません。失敗したからと言って、死ぬことはないはずです。しかし、海軍航空隊から学ぶべきことは多くあるように思われます。毎日の業務が役立つ学びの機会となるように、このような一連のサイクルをチームの業務プロセスに組みこむように支援するべきです。

ここまできたら、実行段階を一通り終えたことになります。Envision（ビジョンを描く）、Express（表現する）、Excite（鼓舞する）、Enable（可能にする）の四つの段階を、あなたとあなたのチームはクリアしてきました。次なるExecute（実行する）にはリーダーとしての取り組みに関する最終的な成否判断が残っています。では少し立ち止まって、これまでに学んだことをまとめましょう。

- 実行段階は長い道のりであり、いくつもの段階を経て進んでいく。
- 実行段階ではプロセスと〝良識〟が必要である。
- 実行段階にはリーダーが直接関与する必要がある。
- 実行段階は一歩ずつ前に進むことで少しずつ進展する。節目の成功を喜び、祝福しよう。
- 実行することでビジョンの支持者が増えていく。

ビジョンを「実現する」ために行動するべし

実行段階は他の各Eの段階にも埋めこまれています。社員たちと会って話を聞き出すところから、ビジョンを描き、伝達方法についてプランを練り、チームを奮い立たせ、必要なツールと支援システムを準備するところまで、リーダーのあらゆる行動は実行段階を想定すべきです。リーダーがすることはすべて、ビジョンを実行する土台をつくるためなのですから。

世の中を変えるリーダーシップは五つのEを足し合わせたものです。またそれにとどまらず、すべてのEを掛け合わせたものでもあります。リーダーの力量は各Eのステップをいかに掛け合わせてパワーアップさせるかで決まります。どれかのEを無視したり、十分に取り組まなかったりすれば、リーダーの影響力は弱まります。

したがって各Eの段階で確実にやるべきことに力を注いで取り組み、最終的にビジョンを完璧に実行できるかどうかは、リーダーにかかっているのです。

最新技術もいつかはルーティン化する

イノベーションが、安定して優れた成果を出す邪魔になる場合があります。新しいアイデアややり方に出合うと、誰でもワクワクするでしょう。新しいものとの出会いでモチベーションが上がり、ほかのことももっとうまくできたりするものです。

チームがルーティンをテンプレート化したら、リーダーは〝ビジョンを描く――表現する――鼓舞する――可能にする〟の縮小版サイクルを開始せねばなりません。そうしなければ、Execute（実行する）の段階で少しずつ緩みが生じるでしょう。そうならないための規律と統制についても、つねに気を配っておきましょう。

実行段階ではリーダーは一歩下がるんやで。主役は現場とお客さんやから。いくら心配でもガチガチに細かく管理されたら、現場の社員はたまらんよ。細かくてええのは目標設定や。小さくても目標達成できたらパーっと派手に祝うこと。そしたら組織に勢いがつくやんね！

第 8 章

未来の仕事における
リーダーシップ

人々を未来に向かって〝前進〟させる責任を持とう

「あなたにとって〝未来〟とは、何を意味しますか?」と聞かれたら? ほとんどの人は明日や近い将来、あるいは三年、五年、または一〇年ぐらい先のこと、と答えるのではないでしょうか。

ですが、現在の世界の変化のスピードを考えれば、近い将来に備えるだけでは不十分なのです。リーダーが時代を先取りするには、組織を取り巻く世界からのメッセージを読み解く必要があります。さらに、テクノロジーとデータを活用しつつ、直感にしたがって判断する必要もあります。そしてさらに、いつも新しいことに挑戦しつづけなければなりません。

一九六五年、インテルの共同創業者ゴードン・ムーアは次のように述べました。コンピュータの処理速度と性能は、今後数年上がり続けるだろう、しかし逆にコンピュータの価格は下がっていくだろう、と。

同じことがリーダーシップについても言えると思います。リーダーは絶え間なく自分のスキルを高め、自己改革する努力をしなければなりません。**具体的には、おそらく二年ごとに自分を作り変える必要があると思います**。難しいかもしれません。しかし世の中を変えるリーダーは二年どころか、いつも熱心に学び、時代を先取りしているのです。彼らは時間、労力、リソースを自分の成長や自己改革のために使います。リーダーのためのコーチング指導が産業として急成長していますが、世界の変化するスピードを思うと、まったく不思議ではないと感じます。

変化と不変の両方を感じ取れているか？

ワクワクする刺激的なフィールドが目の前に広がっています。そしてわたしたちは、次のことをすでに知っています。

まず、仕事の未来は予測不可能であるということ。新しい仕事は想像より早く生まれます。たった数年前、データ・サイエンティストやＡＩアナリストがどんな仕事かほとんど誰も知らなかったのですから！

次に、労働力の多様性は新次元に突入しているということ。ミレニアル世代、Ｚ世代、α世代（訳注：二〇一〇年以降生まれの子どもたちの世代）は、多様性という言葉の意味を変えました。未来の労働力も、本質的に変化していくでしょう。したがってリーダーシップのスタイルも変える必要があります。

また、仕事における自由の概念の変化にも留意しておくべきでしょう。〝仕事とプライベートのバランス〟は〝仕事とプライベートの統合〟に変わっています。加えて、仕事場のマインドフルネス（今この瞬間に集中している状態）は〝マインドフル〟ネス（頭がいっぱいになった状態）に変化してもいます。情報の民主化にともない、誰でもいつでも簡単に膨大な情報にアクセスできるようになりました。加えて、テクノロジーによって仕事で使うコミュニケーション方法が進化している点も、この傾向に拍車をかけているでしょう。

ですがその一方で、永久に変わらないものがあります。それは実践的なリーダーシップです。Ｅ５は、その助けになります。ぜひ、各ステップを使いやすくアレンジして自分流のリーダーシップを作り上げましょう。

世代の壁を超えるために

先ほど少し世代の話が出ました。この点について、もう少し深掘りしましょう。五〇代であるわたしたちの世代は、職場にコンピュータが普及する前に社会人として働きはじめました。一方でいま若手として働いているミレニアル世代は、急速に変化する世界に慣れ親しんでいます。ミレニアル世代は働き方とコミュニケーション手段の両方における技術革新の時代に育ち、それを受け入れています。最先端の機器を使い、いつも仕事に使える〝より良い方法〟を探している印象です。

今後は、複数の世代が職場でともに働くことになります。仕事に使ってきたツールも、コミュニケーション手段も、世代間でまったく違うにもかかわらず。ミレニアル以前の世代は、広い視野で物事を考え、自分の考えを述べ、さらに詳しく説明するように教えられてきました。そんな彼らがベビーブーム世代を時代遅れの人間とみなせば、ベビーブーム世代は職場でだんだん居場所がなくなっているのを感じるはずです。さらに若いZ世代も、時間を食う古いやり方に足を引っぱられてイライラしているかもしれません。「オッケー、ブーマー（はいはい、古い人たちは黙って）」というフレーズが生まれたのは、そのような背景があってこそです。中間にいるX世代は世代間に挟まれ、所在なさを感じています。ですから、リーダーは世代間のつなぎ役にならなければなりません。すなわち、何が世代間の摩擦を生み出しているのか理解すること。そして、それぞれのモチベーションを高める方法を見つけ、職場が一つになって進んでいけるように後押しすること。

リーダーは「未来主義者」であるべきです。**未来主義者として、リーダーはトレンドを知り、トレンドの影響力の大きさを評価すべきです**。そこからビジョンを描いて戦略を練り、表現し、奮い立たせ、実行していく必要があります。以上の流れはもう何度も聞いたことがあるでしょう。それもそのはず、E5は「時代遅れにならないチームを作りたい」というわたし自身の探求から生まれたものなのですから。

未来を的確に予知したSF作家

作家のアーサー・C・クラークは、『二〇〇一年宇宙の旅』の脚本を書き、未来主義者として世界をどう見ているかを表現しました。ちょうどそれを書いていた一九六四年頃、彼はBBC放送のインタビューで未来の仕事と職場について語っています。そこでクラークは、未来ではビデオ通話が普通になっているだろうと述べ、職場については物理的に同じ場所に居る必要がなくなるだろうと予想しています。おまけにそれを「遠隔勤務」と表現しているのですから、驚きです。また情報を送信し、写真や画像、データ、本でさえもやりとりできるネットワークのビジョンも、彼は思いついていました。当時は変人と思われていましたが、インターネットとEメールの存在はいまや当り前のものです。

このことから何がわかるでしょうか。**明日より先の未来を見ている未来主義者は、予言するだけでなく、未来の仕事を創り出しているのです。**未来に向けてビジョンを描くことと、明確な意思決定によりその実現を追求することは異なります。後者のプロセスは、リーダーシップの非常に重要な局面です。影響力のあるリーダーは理性と感情を織り交ぜて決定します。とりわけリーダーとしての経験が浅い段階では、こうした仕方がとくに大切です。意思決定における良い習慣を確立し、意思決定のための丈夫なフィルターを持ちましょう。未来の仕事を創り出すリーダーとして、大きな武器になるはずです。

リーダーとしてのあなたは、ある種の「平均化」の結果だ

自己啓発の分野で有名なジム・ローンは、次のように言っています。「あなたは、最も長い時間を一緒に過ごしている人たち五人を平均化した人物である」と。わたし

はこれをもう一歩先に進めたいと思います。**リーダーとしてのわたしたちは、周囲に集まったリーダーを平均化したリーダーなのだ、と**。ですから、そのための人選は慎重に行わねばなりません。

経験豊富なリーダーは、ときどきアドバイスをもらう必要があることを知っています。だから周囲に支えてくれる人、刺激をくれる人、必要なときにアドバイスしてくれる人を集めているのです。これはわたしがリーダーとして心に決めたことの一つでもあります。影響力のあるリーダーは、つねに貪欲に自分と他人の過去の経験から学ぼうと努力しているものです。

コダックと富士フイルムのデッドヒートから学ぼう

コダックと富士フイルムの、とある戦いのストーリーをご存じでしょうか。この二社は、かつてカメラ、フィルム、事業開発においてデッドヒートを繰り広げたのです。二〇〇〇年にＩＴ革命の波があっという間にやってきたとき、コダックはカメラ、フィルム、現像の分野に特化してマーケットシェアを獲得する戦略をとりました。すると二〇〇一年には、コダックの収益は過去最高に。コダックの役員会はライバル富士フイルムからさらにマーケットシェアを奪うため〝全速力で前進せよ〟というスローガンを承認しました。

その一方で、富士フイルムのCEO古森重隆は、コダックの戦略の危うさをただちに認識して、次のように言っています。「業績がピークに達しているときは、危険な落とし穴が見えないものだ」と。古森は嵐がやってくる前からすでにその到来を予期していました。すなわちフィルムカメラ、フィルム、現像技術はいつか廃れるだろうと考え、違う道を選びました。主力の事業を少しずつ軌道修正しながら、会社存立の基盤と伝統から徐々にシフトしたのです。そのようにして、デジタル化の波を受け入れ、その後写真関連工業を襲う大変革に適応したのでした。

古森は会社を破滅から救うことに集中して計画を練った、と後に述懐しています。そのビジョンは表向きはグループ創業七五周年の節目のために考えられたのですが、実際は生き残るためのビジョンでした。古森とその腹心の会社幹部たちは、さまざまなポートフォリオを想定し、富士フイルムの強みと保有特許を生かす道を探ったといいます。そして、画像診断分野へと進出したのです。一方コダックは、**消費者の行動が明らかに変化したにもかかわらず、戦略を変えず、躍起になって墓穴を掘りました**。二〇〇六年にコダックのCEOは「デジタルカメラはくだらないビジネスだ」と発言して方々で取り上げられました。

その後はもちろん、知っての通りです。

職場の未来について考えてみよう

現在のキーワードは流動的、ボーダレス、デジタルです。場所や方法を最適化する働き方は、すべての関係者にとってプラスになるでしょう。将来的には、個人もチームもバーチャルなコミュニケーションと、対面でのコミュニケーションをブレンドした働き方が主流になるでしょう。シスコのコネクテッドワークプレイスやＧＥのファストワークスの手法は、リーン・スタートアップの実践においても役立ちます。

労働力が流動化し、フルタイムや臨時雇用が入り混じるのが、現代の状況です。わたしたちはこれを、ニューノーマルとして受け入れるべきです。テクノロジーは仕事の未来において重要な役割を果たすでしょう。人間と機械の時代において、協力関係、創造力、指導についてあなたはどのように考えるでしょうか。それらは今後もまだ決定的に重要ですが、手法は変えなくてはなりません。わたしはこれを「交流のためのテクノロジー」と呼んでいます。

チームを明日よりずっと先の未来へ導くために、つねにビジョンを伝え続ける努力をすることが何より重要です。とりわけ、データをふんだんに盛りこんで説得性を高めることは、今後のリーダーにとって絶対に必要な技術となるはずです。

カリスマ経営者でなくても未来を変えられる

四〇年近く前、未来の仕事について――とても勇敢に――予測を立てたリーダーがいました。その名はダーウィン・スミス。彼は一九七一年、キンバリークラーク社のＣＥＯに就任しました。同社の主力事業はコート紙製造業で、それまで長年の間、強力なリーダーシップのもとで繁栄を享受してきました。たしかに利益率は下がっていたものの、とりわけ目につく競合企業はありませんでした。

　しかしスミスは、近い未来がひとまず安泰に見えても、ずっと先の未来まで見通す努力をしていました。そしてコート紙製造業は確実に衰退するだろうと考えたのです。スミスの予測では、消費者向け紙製品が次に参入するべき市場でした。ただ、目下成長中の市場とはいえ、消費者向け紙製品市場は非常に競争相手が多い状況でした。しかもＰ＆Ｇのような大企業と対決しなければならないのです。巨大企業よりももっと上を目指して食らいついていくか、後発企業として後塵を拝するか。スミスは前者の道を選びました。キンバリークラーク社は工場を売却し、消費者向け事業にすべてをつぎ込んだのです。ハギーズやクリネックスのような有名ブランドが生まれた背景には、このような決断があったのです。

このような話を聞くと、リーダーとして次のような疑問をもつ人もいるでしょう。「もしわたしがカリスマ的なリーダーではなかったら？　どうやって部下たちを奮い立たせてビジョンを実現すればよいのだろう？」。

しかし、スミスはまさにそういうリーダーだったのです。だからこそ、その質問の答えとして、彼のやり方が参考になります。**彼は堂々たるビジョン声明も、刺激的な改変計画も発表しませんでした。スミスは社員たちにまっとうな疑問を投げかけて触発したのです**。

キンバリークラーク社はどんな分野に熱心に取り組めるだろうか？　この会社が一番得意なのは何か？　この会社が市場を支配できて、もっと経済力をつけられるのはどんな事業だろうか？

数カ月間、スミスはこれらの質問を控えめに、しかし真剣に、非常に強い確信をもって問いつづけました。社員たちはそれに刺激を受けて奮起し、さらにモチベーションを高めていったのです。ウォールストリートのアナリストや評論家、マスコミから酷評されながらも、スミスは社員たちとともにビジョン実現に必要な準備を整えつづけました。

そして、キンバリークラーク社の方向転換は見事に大成功。同社は消費者向け紙製品業界のリーディングカンパニーになったのでした。八つの製品カテゴリーのうち六つでＰ＆Ｇより上に立ち、主要な競合相手だったスコットペーパーを買収したのだから、すごい成長です。それだけでなく、ＨＰやＧＥ、コカ・コーラをはるかに凌ぐ圧倒的な業績を上げたのでした。

未来のヒントは常に過去にある

世の中を変えるリーダーには先を見通す力があります。未来予知能力があると言っているのではありません。実際、これまで出会った未来主義者たちは、過去の傾向をよく考察して未来を予測していると言っていました。未来主義者は時代のサイクルと普遍的真理を見つけ出します。したがって、先見の明があるリーダーは、いつも時代の流れに着目してそれを明らかにしようとする未来主義者といえるでしょう。もちろんときには「常識のなかで」考える必要があります。すでにわかっていることをもう一度見直す場面もあるでしょう。

たとえば、マズローによれば人間の基本的欲求は五種類あります。「生理的欲求」「安全の欲求」「社会的欲求」「承認欲求」「自己実現の欲求」です。わたしとしては、これらを見直す余地があるように思います。とりわけリーダーシップの観点からすれば、おそらくもう一つの欲求を発見できるのではないでしょうか。**それは、誰かに感化されて導かれたいという「フォロー欲求」です**。ガンディー、マザー・テレサ、ダライ・ラマなど、傑出したリーダーには人を動かしたり人の支持を集めたりする特有の能力があります。彼らは説得力のあるビジョンを描き、共有することによって人に働きかけます。彼らがじっくり考える時間をとっているのは確かでしょう。そして、誰もがすでに知っていることを見つめなおし、世代と時代を超越した、国境も場所も越える真理を探究しているのです。その過程において、彼らは先を見通す力を身につけるということです。

さあ、やりましょう。あなた独自のリーダーシップを作り上げるのです。

組織の未来はリーダー次第やね。一年、一〇年の話ちゃうで。一〇〇年先を見て、今どうするか決めるのがリーダーの務めなんや。人類の歴史とリーダー個人の経験をじっくり振り返れば、誰も気づかんかったヒントが絶対見つかるで！

第9章

次は
あなたの番だ

Ｅ５は、すべての人のための フレームワークである

リーダーシップの荒波のなかを進むあいだ、Ｅ５はずっとわたしの頼れる相棒でした。そんなＥ５には特別な長所があります。これは自分流のリーダーシップスタイルを作り上げるために役立つ、すべての人のためのフレームワークなのだということです。

・Envision（ビジョンを描く）
・Express（表現する）
・Excite（鼓舞する）
・Enable（可能にする）
・Execute（実行する）

自分流にアレンジしよう

Envision（ビジョンを描く）は、正しい方向に向かってスタートするのに役立ちます。先が見通しにくくなったときも、目的にむかって集中し、正しい道を進むように導いてくれるでしょう。それは人を感動させるビジョンをつくるのに役立つ羅針盤です。どんな状況でも決して変わりません。

Express（表現する）は、強烈なインパクトのあるやり方で組織にビジョンを伝える段階です。曖昧な言葉を使わず明快に、気持ちが通じ合うような、わかりやすい表現を目指しましょう。

インパクトのある表現を広めたら、Excite（鼓舞する）の段階で行動につながる新たな関心を引きつけましょう。組織の熱気を盛り上げれば、組織のなかでその熱気が次から次へと伝染していきます。これがビジョン実現のために決定的に重要なのです。Excite（鼓舞する）は、リーダーが本心からメッセージを語って情熱を共有する機会です。それによって組織への影響力を強め、社員から「いつから行動を始められますか?」と質問されるぐらい盛り立てるときです。

そして次は重要なターニングポイントです。リーダーのビジョンが組織全体の社員たちのビジョンになる段階ともいえます。そのときがEnable（可能にする）、またもリーダーの出番です。チームが行動を起こすために必要なリソースを確実に揃えながら、チームに自信を持たせましょう。この段階でチームは、自分たちはきっとやり遂げられると信じられるようになっているはずです。

それが終われば、いよいよ正念場です。Envision（ビジョンを描く）、Express（表現する）、Excite（鼓舞する）、Enable（可能にする）で懸命に取り組んできた仕事がすべてここで一つにつながり、Execute（実行する）までこぎつけたのです。世の中を変える第一歩を踏み出したのです。

あなた独自の公式はできましたか？

あなたは組織の状況に合わせて、これらの五つの段階を自由に動かせます。ただしそのためには、どのＥに取り組むべきか、いつ取り組むべきかを理解していなければなりません。リーダーにそれぞれ個性があるように、その時々のリーダーシップが直面する課題はさまざまです。それぞれの場面に応じたニーズに合わせて、五つのＥの間を自由に行き来しましょう。**必要ならもっとEを足してもいいし、AやBやCで始まる単語のシリーズを自分で作るのもよいと思います**。たとえば次のようなモデルを知っておくと役立つかもしれません。

三つのC（Character 個性、Competence 適性、Communication 意思疎通）、三つのI（Intention 意図、Influence 波及力、Impact 影響力）、〝シチュエーションリーダーシップ〟〝奉仕型リーダーシップ〟などです。リーダーシップは、個人の経験に基づく価値観と原理原則の結合体といえます。重要なのは、モデルをどのように使いこなし、どんなリーダーシップを発揮するかなのです。ぜひ、世の中を変えるリーダーになるための自分流の公式を作りましょう。

リーダーシップとは技術であり科学です。過去の時代の傑出したリーダーたちは、この二つをうまく混ぜ合わせることに成功して、人々に影響を与えました。わたしたちは先人に学ぶべきです。多かれ少なかれ、わたしたちは良いリーダーや悪いリーダーの影響を受けているものです。そしてどちらからも貴重な学びを得ているものです。良いリーダーの良い点を取り入れ、悪いリーダーの特徴や行動は決して取り入れないように気をつけましょう。そうしていくなかで、自分流のリーダーシップが生まれてくるでしょう。

次はあなたの番だ

ウィンストン・チャーチルの言葉と言われていますが、ジョージ・チルトンの言葉だとも言われている、ある有名な格言があります。その由来はともかく、世界を少しでも変えようとミッションに取り組んでいるリーダーにとって、力強いメッセージです。

「**成功も失敗も終わりではない。大事なのは続ける勇気だ**」。

次はあなたの番です。リーダーシップの自分流の型を作りましょう。自分流のリーダーシップを作り上げるプロセスで、〝～イズム〟といえるような、世の中を変えるオリジナルの公式を思いつくはずです。このオリジナルの公式は、間違いなくあなたの最高の相棒になるでしょう。

あなたのＥ５の道のりに多くの幸せがあるよう心から祈っています。

さあ、ともに世の中を変えよう！

あらゆる偉大なリーダーシップに共通する要素をぎゅっと集めたのがE5やねん。意識せんでもできる得意なEは飛ばしてもいいし、苦手なEもあるやろ？　E5をアレンジすれば、自分流リーダーシップを作れるで！

おわりに

本書の執筆は試行錯誤と苦難の道のりでした。リーダーシップとは何かを追求してきたこれまでの人生においてそうであったように、四苦八苦しながら書いていくうちにたくさんのことを発見したものです。

今まで長きにわたり、言葉だけでなく行動によってわたしにインスピレーションを与えてくれたリーダーたちに感謝を捧げます。オンタリオ州ウィンザーの高校の先生方にも大変お世話になりました。とくにロン・バール先生とパトリシア・〝マー〟・クリード先生は、ティーンエイジャーの頃のわたしを影響力について考える道にいざなってくれました。アイスホッケーや野球など、少年スポーツを指導してくださったコーチの方々にも感謝を捧げます。とくに高校時代のアメリカンフットボールのウェレット監督には、集中すること、冷静さを失わないこと、懸命に努力することの大切さを学びました。また、クライスラー社の組み立てラインで溶接工として働いていた頃の上司には、現場監督が担う責任の重さを教わりました。そしてビジネスの世界で出会ったリーダーたちにも感謝を捧げます。とくにニック・ジョンストンは、優れたパフォーマンスのチームを育てる秘訣を教えてくれました。それは何よりもまず「正しい人選をして、日々改善のための努力を怠らない」という組織文化を根付かせることです。

長年にわたり、わたしを支えてくれた先輩リーダーたちに感謝を捧げます。そして教え導く楽しみを与えてくれた後輩リーダーたちにも感謝を捧げます。彼らがリーダーシップを発揮してそれぞれの仕事を成し遂げられるようにアドバイスするのは、大きな喜びでした。Ｅ５は、わたし自身の経験および他の人の行動観察から生まれたものです。しかしＥ５が〝実践的〟なのは、わたしが自社で実際に使っているからです。リーダーとしての何よりの喜びは、チームメンバーが成長し、学び、目標を達成する姿、その人が他のメンバーの成長と成功を助ける姿を目にすることです。キャメロン、サトシ、ユウスケ、シュン、ヴィシェイ、ヨウコをはじめとするチームメンバーは、それぞれ人を集め、育て、革新的なリーダーを輩出しつづけています。このような好循環が生まれる仕事は、本当にやりがいがあります。

本書執筆中、多くの友人と同僚に勇気づけられ、メンターはわたしを励ましてくれました。松原秀樹、ビナイ・クマール、アヌラグ・バトラ、ジョス・シュット、サチン・チョウドゥエリ、ラヴィ・チャタベディ、デーブ・コヤマの各氏に感謝を捧げます。また本書のメッセージに共感し、本書を日本の読者に届けるというわたしのミッションを支援してくれた呉亜矢、斎藤史、近谷浩二、出口翔の各氏、そして大和書房編集部にも感謝を捧げたいと思います。

とくに次の二人のメンターの支えにあらためて感謝したいと思います。元駐日カナダ大使のマッケンジー・クラグストン氏は、古くからの友人です。彼は、これまで何度も迎えた人生のターニングポイントで相談したいときに時間を作ってくれました。そして話を聞いてくれ、いつも素晴らしいアドバイスをしてくれました。リーダーシップの第一人者マーシャル・ゴールドスミス氏はベストセラー作家であり、世界ナンバーワンのエグゼクティブ・コーチ（企業の管理職を指導するコーチ）です（フォーブス誌のランキングより）。彼はわたしが優れたリーダーシップについて独自の考えを持つようになった頃からのメンターであり、良き友人でもあります。

そして本田健氏には大変お世話になりました。彼は素晴らしい作家・インフルエンサーであり、リーダーシップに関する考えをまとめる果てしない道のりにおいてメンターとしてわたしを支え、本にまとめるきっかけを与えてくれました。「出し惜しみせず何でも分かち合う」という彼のモットーにはいつも感銘を受けています。序文にある通り、彼は飾り気のない真心の言葉でこう言ったものでした。「ポール、きみのユニークなアイデアを世界に知ってもらうべきだ。本を書いたらいいと思う」。
その言葉でわたしの心が決まり、本書が世に出ることになりました。

そして最後に、いつもわたしを支えて長い目で見守ってくれる家族に感謝を捧げます。両親は〝責任を果たす〟という言葉の本当の意味やパートナーシップの素晴らしさを教えてくれました。辛く苦しいときにいちばん頼りになる金言、「どんなこともいつかは終わる」を授けてくれたのも両親です。一九九〇年、日本に行くつもりだと言ったとき、二人は夢を追いかけるわたしを応援してくれました。これまでの人生の節目でもいつもわたしを励ましてくれました。両親の心からの支えに深く感謝しています。

わたしの兄弟、クリスとマークは、それぞれのコミュニティで優秀なリーダーとして活躍しています。わが息子たち、ケンゴとセイゴはグローバルな感覚をもつ有望な若者であり、それぞれの道を進む未来のリーダーです。彼らはわたしに前向きなパワーを注ぎ、新しいアイデアの源泉でもあります。そして、来日時からずっとわたしを見守ってくれたやっちゃんと、日本のお兄さんお姉さん達にも、心からありがとうございます。

最後に妻に感謝を捧げます。彼女はわたしの心の支えであり、何でも打ち明けられるパートナーです。何日も深夜遅くまで四苦八苦しながら執筆するのをそっと見守ってくれました。思えば、早朝までバルコニーで書き続けて朝を迎えることもありました。彼女が絶やさず用意してくれるコーヒー（とエキストラ・ダーク・チョコレート）のおかげで書き続けられ、Ｅ５を世に出すというミッションに集中することができました。

そう、お湯が沸いたら、アイデアも沸くのです！

注

1. ダン・ケイブル著、竹本毅訳『脳科学に基づく働き方革命 Alive at Work 社員の熱意とエンゲージメントを高める3つの魔法』（日経BP社）二〇一九年

2. ジム・コリンズ著、山岡洋一訳『ビジョナリー・カンパニー2 飛躍の法則』（日経BP社）二〇〇一年

3. Per-Ola Karlsson, Martha Turner and Peter Gassmann, "Succeeding the longservinglegend in the corner office", Strategy +business , May 15, 2019, https://www.strategybusiness.com/article/Succeeding-the-long-serving-legend-in-the-corner-office

4. Hope Solo, "Players tell themselves the World Cup final is just another game.They' re wrong," The Guardian, July 6, 2019, https://www.theguardian.com/football/2019/jul/06/players-tell-themselves-the-world-cup-final-is-just-another-gametheyre-wrong

5. Robin Sharma, The 5 AM club: Own your morning, elevate your life,HarperCollins, 2018

6. スティーブ・ジョブズによるiPod新発売時の演説（二〇〇一年一〇月二三日）

7. サリム・イスマイル著、マイケル・S・マローン著、ユーリ・ファン・ギースト著、小林啓倫訳『シンギュラリティ大学が教える飛躍する方法：ビジネスを指数関数的に急成長させる』（日経BP社）、二〇一五年

8. "The 2018 Amazon Shopper Behavior Study," CPC Strategy, https://learn.cpcstrategy.com/rs/006-

GWW-889/images/2018-Amazon-Shopper-Behavior-Study.pdf（二〇二〇年四月七日最終閲覧）

9. 対ソ連戦直前のアイスホッケーアメリカ代表チームの選手たちへのハーブ・ブルックス監督の演説（冬季オリンピック大会、一九八〇年、ニューヨーク州レークプラシッド）

10. Mary Bellis, “Thomas Edison’s Muckers,” ThoughtCo., https://www.thoughtco.com/thomas-edisons-inventions-4057898、二〇一九年一月二八日更新

11. アメリカン・センターJAPAN、国務省出版物、大統領演説、ゲティスバーグ演説（一八六三年）、https://americancenterjapan.com/aboutusa/translations/2390/（二〇二三年七月二九日最終閲覧）

12. “Historic Documents: The Gettysburg Address,” US history, https://www.ushistory.org/documents/gettysburg.htm（二〇二〇年四月七日最終閲覧）

13. Rik Vera, Managers, The Day After Tomorrow, Lannoo Publishers, 2019

14. 30% Club, https://30percentclub.org/, 二〇二〇年四月七日最終閲覧

15. 詳細については次の論文を参照。Boris Groysberg et. Al., “Womenomics inJapan,” Harvard Business School, February 1, 2017

16. “What is DiSC?”, Discprofile, https://www.discprofile.com/what-is-disc/ 二〇二〇年四月七日最終閲覧

著者

ポール・デュプイ Paul Dupuis

1968年カナダ・オンタリオ州生まれ。十代の頃から日本の文化に憧れ、1990年に来日。大阪・西成の簡易宿泊所で寝泊まりをする。その後、英会話スクールの講師や高校教師を経てビジネスに興味を抱き、2013年9月ランスタッド・ジャパン入社。2014年7月にはランスタッド・ジャパン役員に就任する。さらに、2017年4月にはランスタッド・インドCEOに就任し、業績悪化の一途をたどっていた同国の事業所の成績を黒字化。2021年7月から、ランスタッド・ジャパン代表取締役会長兼CEOに着任。本書が初の著書となる。

訳者

呉亜矢 GO AYA

京都大学総合人間学部卒。特許事務所や精密機器メーカーでの翻訳や広報を担当した後、フリーランスの翻訳者に。現在は書籍の翻訳を手がける傍らで、大阪学院大学の非常勤講師も務める。主な訳書に、『3分間でわかるアインシュタイン』(エクスナレッジ社)『ジョン・F・ケネディホワイトハウスの決断―ケネディテープ50年後明かされた真実』(世界文化社、共訳、第4部、第8部を担当)などがある。

型《かた》破《やぶ》りCEOが世《せ》界《かい》を歩《ある》いて学《まな》んだ
リーダー5つの黄《おう》金《ごん》律《りつ》

2023年10月5日　第一刷発行

著　　者　ポール・デュプイ
訳　　者　呉《ごう》亜《あ》矢《や》(翻訳協力　トランネット)

発 行 者　佐藤　靖

発 行 所　大《だい》和《わ》書房
東京都文京区関口1-33-4
電話　03-3203-4511

ブックデザイン　山之口正和+齋藤友貴(OKIKATA)
本　文印刷　厚徳社
カバー印刷　歩プロセス
製　　本　小泉製本

ISBN978-4-479-79791-3